2판 4쇄 발행 2024년 5월 12일

글쓴이	이안
그린이	최해영

펴낸이	이경민
펴낸곳	㈜동아엠앤비
출판등록	2014년 3월 28일(제25100-2014-000025호)
주소	(03972) 서울특별시 마포구 월드컵북로22길 21 2층
홈페이지	www.moongchibooks.com
전화	(편집) 02-392-6901 (마케팅) 02-392-6900
팩스	02-392-6902
전자우편	damnb0401@naver.com
SNS	

ISBN 979-11-6363-254-2 (74400)

※ 책 가격은 뒤표지에 있습니다.
※ 잘못된 책은 구입한 곳에서 바꿔 드립니다.
※ 이 책에 실린 사진은 위키피디아, 셔터스톡에서 제공받았습니다.

도서출판 뭉치는 ㈜동아엠앤비의 어린이 출판 브랜드로, 아이들의 지식을 단단하게 만들어주고, 아이들의 창의력과 사고력을 키워주어 우리 자녀들이 융합형 창의 사고뭉치로 성장할 수 있도록 좋은 책을 만들겠습니다.

펴내는 글

인터넷 실명제가 악플을 막을 수 있을까?
인터넷 용어는 어디까지 받아들여야 할까?

 선생님의 질문에 교실은 일순간 조용해지기 시작합니다. 인내심이 한계에 다다른 선생님께서 콕 집어 누군가의 이름을 부르는 순간 내가 걸리지 않았다는 안도감에 금세 평온을 되찾지요. 많은 사람 앞에서 어떻게 말을 해야 할까 고민 한번 해 보지 않은 사람은 없을 겁니다.

 사람들 앞에서 자신의 생각을 조리 있게 전달하는 기술은 국어 수업 시간에만 필요한 것이 아닙니다. 학교 교실뿐만 아니라 상급 학교 면접 자리 또는 성인이 된 후 회의에서도 자신의 의견을 분명히 표현할 수 있어야 합니다. 하지만 어디서부터 시작해야 할지 몰라 입을 떼는 일이 쉽지 않습니다. 혀끝에서 맴돌다 삼켜 버리는 일도 종종 있습니다. 얼떨결에 한마디 말을 하게 되더라도 뭔가 부족한 설명에 왠지 아쉬움이 들 때도 많습니다.

 논리적 사고 과정과 순발력까지 필요로 하는 토론장에서 자신만의 목소리를 내려면 풍부한 배경지식은 기본입니다. 게다가 고학년으로 올라가서 배우는 수업과 진학 시험에서의 논술은 교과서 속의 내용만을 요구하지 않습니다. 또한 상대의 의견을 받아들이거나 비판하기 위해서도 의견의 타당성과 높은 수준의 가치 판단을 해야 하는 경우가 많은데, 자신의 입장을 분명히 하기 위해선 풍부한 자료와 논거가 필요합니다.

「초등 융합 사회 과학 토론왕」 시리즈는 사회에서 일어나는 다양한 사건과 시사 상식 그리고 해마다 반복되는 화젯거리 등을 초등학교 수준에서 학습하고 자신의 말로 표

현할 수 있도록 기획되었습니다. 체계적이고 널리 인정받은 여러 콘텐츠를 수집해 정리하였고, 전문 작가들이 학생들의 발달 상황에 맞게 스토리를 구성하였습니다. 개별적으로 만들어진 교과서에서는 접할 수 없는 구성으로 주제와 내용을 엮어 어린 독자들이 과학적 사고뿐만 아니라 문제 해결력, 비판적 사고력을 두루 경험할 수 있도록 하였습니다. 폭넓은 정보를 서로 연결지어 설명함으로써 교과별로 조각나 있는 지식을 엮어 배경지식을 보다 탄탄하게 만들어 줍니다. 뿐만 아니라 국어를 기본으로 과학에서부터 역사, 지리, 사회, 예술에 이르기까지 상식과 사회에 대한 감각을 익히고 세상을 올바르게 바라보는 눈도 갖게 할 것입니다.

『좋아? 나빠? 인터넷과 스마트폰』은 동아 초등학교 게시판에 올라온 악성 댓글 사건을 계기로 사이버 수사대의 고 형사가 출동을 하면서 이야기가 시작됩니다. 반에서는 조용하지만 인터넷에서는 자신의 재능을 마음껏 뽐내는 은서, 밤새도록 게임을 하느라 학교 수업에 지각하는 준수, 듣고 싶은 음악을 불법 다운로드하는 주미, 모두 고 형사와 만나게 될 학생들이랍니다. 이 책을 읽은 어린이 독자들이 매일 사용하는 인터넷과 스마트폰이 어떤 역사를 거쳐 왔는지, 얼마나 큰 영향력을 가지고 있으며 또 어떻게 다루어야 하는지를 알고 관련 주제의 토론에서 자신 있게 말할 수 있다면 더 없이 소중한 시간이 될 것입니다.

편집부

차례

펴내는 글·4

사이버 수사대 고 형사 출동!·8

 **1장 우리만의 세상·11**

고 형사 출동하다!

인터넷 없이는 못 살아!

스마트폰 속 동영상

🔶 토론왕 되기! 학생들에게 스마트폰이 꼭 필요할까?

 **2장 얼굴이 보이지 않는 공간·37**

댄싱퀸의 정체

나는야 인터넷 스타

무시무시한 신상털기

인터넷 예절, 이것만은 지켜 줘!

🔶 토론왕 되기! 악플 피해, 어떻게 막을 수 있을까?

 **3장 나의 꿈은 최고 레벨 달성!·67**

혹시 나도 게임 중독?

게임 밖으로 나온 영웅

🔶 토론왕 되기! 인터넷 사용 시간을 제한해도 될까?

4장 공짜면 다 좋아? • 87

불법 다운로드는 안 돼!

내 그림을 베끼지 마!

토론왕 되기! 누구를 위한 음원 가격일까?

5장 진정한 스타가 될 거야! • 105

인터넷 밖으로 고고!

고 형사의 편지

토론왕 되기! 인터넷 용어를 어디까지 받아들여야 할까?

어려운 용어를 파헤치자! • 116

인터넷 관련 사이트 • 119

신 나는 토론을 위한 맞춤 가이드 • 120

우리만의 세상

 고 형사 출동하다!

뚜벅뚜벅!

한 사내가 4학년 2반 교실을 향해 걸어가고 있었어요. 커다란 덩치, 짙은 눈썹, 검은 선글라스까지 어쩐지 으스스한 느낌을 주는 사내였어요. 사내의 이름은 바로 고주범! 사이버 수사대의 형사랍니다.

"동아 초등학교 녀석들! 나한테 제대로 걸려들었어!"

고 형사가 4학년 2반 교실로 향한 데에는 그만한 이유가 있답니다. 고 형사는 동아 초등학교의 일일 교사가 되었거든요. 고 형사가 담당할 반은 장 선생님이 담임을 맡고 있는 4학년 2반이었어요.

'어떻게 해야 아이들의 잘못된 인터넷 습관을 바꿀 수 있을까?'

장 선생님이 고민 끝에 생각해 낸 방법이 바로 일일 교사! 고 형사님이 직접 수업하면서 아이들의 잘못된 인터넷 사용 문화를 바로 고쳐 주고, 악성 댓글을 올린 범인도 잡으려는 작전을 세웠던 거예요.

드르륵!

교실 문이 열렸어요. 아이들은 하나같이 고 형사를 바라보았어요.

"얘들아, 오늘 일일 교사로 활동할 고주범 형사님이셔. 사이버 수사대에서 일하고 계시지. 오늘 너희에게 인터넷에 대해 재미있는 수업을 해주실 거야."

장 선생님이 고 형사를 소개했지만, 아이들은 박수를 칠 수 없었어요. 박수는커녕 놀란 눈으로 마른 침만 꼴깍꼴깍 삼켰답니다.

'뭐? 형사라고?'

'혹시 친구 숙제 베껴서 낸 거 들켰나?'

'어젯밤 형이랑 치고받고 싸운 거 어떻게 알았지?'

험악한 표정의 고 형사를 본 순간, 덜컥 겁부터 났거든요.

"사이버 수사대가 뭐예요?"

눈치 없는 우진이가 소리치지 않았다면 아이들은 겁에 질려 숨이 턱 막히고 말았을 거예요.

"내가 일하는 사이버 수사대는 컴퓨터나 인터넷으로 일으킨 범죄를 수사하고 있지. 그렇다고 무서워할 필요는 없어. 범죄를 저지르지 않았다면 말이야. 크하핫!"

 고 형사는 목소리도 어쩐지 으스스했어요. 범죄라는 말에 아이들은 잔뜩 겁을 먹었어요.

 "그럼 이제 수업을 시작해 볼까?"

 교탁 앞으로 쓱 올라온 고 형사는 커다란 어깨를 두어 번 으쓱대더니, 선글라스를 벗었어요. 그때였어요.

 "우헤헤헤!"

 교실 안은 웃음바다가 되었어요. 선글라스에 가려졌던 고 형사의 눈을 본 순간, 아이들은 웃음이 터지고 말았거든요. 커다란 덩치와는 어

울리지 않게 작고 가는 두 눈은 얼핏 멸치를 떠오르게 했답니다.

"완전 멸치야!"

"멸치 형사님이야!"

아이들은 하나둘씩 배꼽 잡고 웃기 시작했어요. 그러자 고 형사는 난처한 표정을 지었지요. 고 형사는 흠흠 헛기침을 하면서 황급히 말을 꺼냈어요.

"자, 인터넷을 사용하지 않는 사람이 있으면 손을 들어 봐라."

손을 드는 사람은 단 한 명도 없었어요. 고 형사는 고개를 끄덕였지요.

"역시! 모두 인터넷을 사용하는군. 그럼 인터넷으로 뭘 하지?"

"게임이요."

"영화를 다운 받아서 봐요. 음악도 듣고요."

"우리 엄마는 인터넷 쇼핑을 해요."

아이들은 저마다 소리쳤어요.

"그래, 인터넷을 이용하면 많은 걸 할 수 있어. 너희가 친구끼리 자주 사용하는 코코아톡이나 도마뱀플라이트, 동물팡과 같은 게임도 인터넷으로 하는 거지. 어른들은 인터넷으로 쇼핑을 하거나 은행 업무를 보기도 해. 인터넷 덕분에 멀리 움직이지 않고도 많은 일을 할 수 있게 된 거야."

고 형사가 고개를 끄덕이자 한 아이가 뒤늦게 생각난 듯 소리쳤어요.

"인터넷으로 자료를 검색해서 학교 숙제를 할 때도 있어요."

"맞아! 숙제할 땐 정말 편해."

다른 아이들도 고개를 끄덕였어요. 그러자 한 아이가 킥킥 웃으며 뒤를 돌아보았어요.

"인터넷 검색 내용을 그대로 베꼈다가 선생님께 혼나는 사람도 있지만 말이야. 누구누구처럼! 킥킥킥!"

"선생님은 신기하게 다 알아낸단 말이야!"

"맞아, 나도 저번에 들켰어!"

순간 고 형사는 터지려는 웃음을 간신히 참았어요. 아이들 모습이 마치 입을 모아 합창하는 새끼 제비들 같았거든요.

"그래. 인터넷엔 정보들이 넘치지. 흔히들 '정보의 바다'라고도 하잖아. 하지만 모든 정보가 올바른 건 아니야. 인터넷으로 만날 수 있는 정보가 많기는 한데, 제대로 된 정보인지 확인하지 않고 올린 정보 때문에 피해를 보는 사람들도 많거든. 올바른 정보를 골라내고 사용할 줄 아는 것이 무엇보다 중요하겠지?"

고 형사의 말에 제각각 떠들던 아이들이 약속이나 한 듯 조용해졌어요. 고 형사는 다시 말을 이어갔지요.

"게다가 스마트폰 덕분에 인터넷을 하기가 더 쉬워졌어. 스마트폰만 갖고 있으면 언제 어디서나 인터넷에 접속할 수 있으니까 필요한 정보를 바로바로 찾을 수 있지. 우리는 컴퓨터 앞에 앉아 있는 네티즌이 아니라 걸어다니는 네티즌이 된 거야."

고 형사의 말이 끝나자, 한 아이가 두 눈을 껌뻑이며 물었어요.

"네티즌이 뭐예요?"

그러자 영어 박사로 불리는 정민이가 우쭐대며 소리쳤어요.

"그것도 몰라? 인터넷 공간에서 활동하는 사람을 네티즌(netizen) 이라고 하잖아. 통신망을 뜻하는 '네트워크(network)'와 시민을 뜻하는 '시티즌(citizen)'을 합쳐서 네티즌! 요새는 우리말로 '누리꾼'이라고 많이 써. 험! 험!"

"그래! 정확히 알고 있군."

고 형사는 빙그레 웃으며 고개를 끄덕였어요. 그 때 한 아이가 손을 들어 질문을 했어요.

"형사님, 그런데 저희 집에 아버지가 대학생 때 썼다는 컴퓨터가 있는데요. 화면도 엄청 작고 크기도 왕 부담스럽던데. 컴퓨터도 엄청난 발전을 한 거네요?"

고 형사는 빙그레 웃으며 대답했어요.

"맞아. 다들 컴퓨터를 가지고 인터넷을 하는 데만 관심이 있지? 이 고 형사가 컴퓨터의 역사에 대해 설명을 해 줘야겠군."

고 형사는 목을 가다듬고 말을 이었어요.

"컴퓨터는 원래 계산을 정확히 하려고 만든 도구였지. 제2차 세계 대전이 한창일 때 미국 국방부는 전쟁 무기를 만들기 위해 정확하게 계산할 수 있는 도구가 필요했어. 미국 국방부의 요구에 따라 공학자 에커트와 모클리는 1946년 최초의 컴퓨터인 '에니악(ENIAC)'을 만들었어. 당시 에니악의 능력은 대단했어! 사람이 하면 7시간 걸릴 계산을 단 3초 만에 해냈으니까. 하지만 에니악의 단점도 만만치 않았단다. 덩치가 어마어마하게 컸거든. 길이가 30m, 높이가 2.4m, 너비가 0.9m에 이르고 무게가 30톤에 가까웠어. 게다가 엄청난 전기를 사용해야 했는데 한번 전원을 켜면 시내의 전등이 모두 깜빡거릴 정도였지."

"컴퓨터가 전쟁 때문에 만들어진 거야?"

"우아, 30톤 이래!"

"무슨 컴퓨터가 그래?"

아이들은 깜짝 놀라 웅성거렸어요. 고 형사는 아이들을 둘러보고는 다시 말을 이었어요.

"에니악은 공기가 없는 상태의 유리관인 '진공관'에 여러 전기 신호를 보내는 도구를 사용했지. 진공관의 개수가 많을수록 계산 능력이

1946년 인류 최초로 만들어진 컴퓨터 에니악

높았지. 에니악에는 진공관이 1만 7468개, 스위치 6000개가 들어갔단다. 하지만 효과적으로 전기를 공급하고, 신호를 조절할 수 있는 기술이 차례차례 개발되면서 한때 거대한 덩치를 지닌 컴퓨터는 두 손으로 들기에도 충분한 크기까지 작아졌지."

"으악, 어렵다. 어쨌든 전기 신호를 보내는 기술이 발달하면서 컴퓨터가 작아진 거잖아요?"

고 형사의 검색 기록

와이파이(Wi-Fi)와 스마트폰은 무슨 관계? 　검색

TV 광고를 보면 '와이파이'라는 용어가 자주 나오지? 누구나 한 번쯤은 들어 봤을 거야. 이 와이파이는 스마트폰과 떼려야 뗄 수 없는 관계야. 스마트폰을 사용하는 이유가 바로 이 와이파이 기능 때문이라고 할 수 있거든.

와이파이(Wi-Fi)란 Wireless Fidelity의 약자인데, 해석하면 '근거리 무선 데이터 통신망'이야. 즉, 무선 인터넷의 한 종류이지. 무선접속장치(AP, Access Point)가 설치된 곳을 중심으로 한 일정한 범위인 '와이파이존(Wi-Fi zone)' 안에서는 스마트폰이나 노트북으로 무선인터넷을 즐길 수 있어. 그것도 공짜로 말이야!

우리나라가 IT 강국이라는 건 잘 알고 있지? 와이파이도 마찬가지야. 우리나라 와이파이존 규모는 미국, 중국, 영국 등에 이어 세계 7위지만 인구 대비로 따지면 세계 1위야. 철도역, 호텔, 백화점, 대학교 등 사람이 많이 모이는 곳은 대부분 와이파이존이 되어 가고 있어. 그만큼 많은 사람이 스마트폰을 이용하고 있다는 뜻이지!

"다행이다. 저런 컴퓨터로는 게임도 못 하겠어. 우리나라 전기가 다 나갈지도 몰라."

아이들의 푸념을 듣고 고 형사가 웃음을 띠자 고 형사의 눈은 더욱 작아졌어요. 아이들은 터져 나오려는 웃음을 간신히 참았어요. 어느새 고 형사에 대한 두려운 마음도 싹 사라졌지요.

"자, 그럼 이제 본격적으로 수업을 시작해 볼까?"

고 형사가 작은 두 눈을 반짝 빛내며 소리쳤어요. 순간 아이들의 눈도 반짝 빛났어요. 고 형사가 들려줄 인터넷 세상 이야기가 왠지 무척 재미날 것 같았으니까요.

 인터넷 없이는 못 살아!

"인터넷 세상으로 고고!"

고 형사는 소리치며 수업용 컴퓨터를 켰어요. 아이들은 자신이 잘 아는 인터넷에 대한 수업이라 무척 신 나는 눈치였어요. 컴퓨터가 켜지며 익숙한 인터넷 창이 떠올랐어요.

"여러분, 인터넷 세상에 오신 걸 환영합니다. 이곳에서는 궁금한 게 있으면 뭐든 검색만 하면 다 나와요! 그럼 무엇을 검색해 볼까?"

"씨엔블랙이요!"

"소녀세대! 소녀세대!"

아이들은 한창 인기가 높은 아이돌 그룹의 이름을 외쳤어요. 고 형사가 검색어 칸에 '씨엔블랙'라고 입력하자 순식간에 컴퓨터 화면은 씨엔블랙의 구성원과 프로필, 사진, 음악 앨범 등의 정보들로 꽉 채워졌어요.

"씨엔블랙이 어떤 노래를 불렀지? 동영상을 찾아볼까?"

고 형사가 동영상을 클릭하자 인기 밴드 씨엔블랙의 뮤직비디오가 등장했어요. 아이들은 노래를 따라 부르며 신이 났어요.

"어, 저건 처음 보는 건데? 형사님, 저 동영상 주소 좀 코코아톡으로 보내 주세요."

고 형사에게 간절한 표정으로 부탁하는 아이들도 있었어요. 고 형사가 흔쾌히 말했어요.

"좋아! 보내 주지."

반장인 장이가 손을 번쩍 든 건 그때였어요.

"형사님, 코코아톡은 SNS의 한 종류라고 들은 적이 있는데, SNS가 뭐예요?"

"당장 검색해 보면 되지!"

고 형사는 검색어 칸에 'SNS'라고 쳤어요.

> **SNS(social network service, 소셜 네트워크 서비스)**
>
> 특정한 관심이나 활동을 함께하는 사람들 사이에 관계망을 만들어 주는 온라인 서비스

"저게 무슨 말이에요?"

장이가 고개를 갸웃거렸어요.

"우리는 인터넷을 이용해서 정보를 검색하고 친구들과 나누기도 하지. 코코아톡과 같은 메신저 프로그램을 이용하면 많은 친구와 동시에 이야기를 나눌 수도 있어. 어디 그뿐이겠어? 전 세계에 널리 사용되는 페이스북과 트위터를 생각해 봐. 세계 곳곳 얼굴을 모르는 사람과도 친구가 될 수 있어. 시간과 거리를 뛰어넘어 사람들과 새로운 관계를 만들 수 있어. 그것을 도와주는 서비스가 바로 SNS지."

고 형사의 설명에 장이는 뭔가를 알았다는 듯 고개를 끄덕였어요. 하지만 또 다시 고개를 갸웃거리며 말했어요.

"근데 우리 엄마는 내가 인터넷 하는 걸 싫어해요. 스마트폰도 안 사 주려고 하고요."

"맞아! 맞아!"

장이의 말에 아이들도 덩달아 고개를 끄덕였어요.

"글쎄? 왜 그럴까?"

고 형사는 고개를 갸웃거리기 시작했어요. 그러더니 난데없는 질문을 던졌어요.

"인터넷의 장점이 뭘까?"

아이들은 갑자기 멈칫했어요. 뭔가 떠올랐는지 여러 생각들이 주절주절 흘러나왔어요.

"편리하고 재밌어요."

"시간 가는 줄 몰라요!"

고 형사는 고개를 끄덕끄덕했어요.

"맞아. 그런데 그게 바로 문제가 될 수 있어. 종일 컴퓨터 앞에 앉아 있거나 손에서 스마트폰을 잠시도 놓지 못하게 되거든."

"맞아요! 인터넷 없이는 심심해서 못 살 것 같아요."

장이의 말에 아이들도 한마디씩 거들기 시작했지요.

"나도 혼자 있을 땐 스마트폰으로 게임만 하는 거 같아."

"인터넷 하다 보면 이상한 광고가 막 뜨잖아. 그런 걸 볼까 봐 그러는 거 아니야?"

"우리 엄마는 나보고 맨날 연예인 사진이나 찾아본다고 뭐라고 하셔."

한참 이야기를 듣던 고 형사는 아이들에게 다시 물었어요.

"너희는 인터넷 게시판에 댓글 다는 걸 아주 재밌어 하지?"

순간 아이들은 입을 꼭 다물었어요. 지금 장기 대회 카페 게시판에 올라온 악성 댓글로 학교가 떠들썩한 데다가 고 형사가 사이버 수사대에서 나왔다는 사실을 알고 있기 때문이지요. 더군다나 지금 잘못 말했다간 자신이 나쁜 글을 남긴 범인으로 오해받을지도 모른다고 생각을 한 거예요. 아이들의 속내를 알아챈 고 형사는 잠시 생각에 잠겼어요. 그러고 나서 내용을 바꿔 물었어요.

"그럼 사람들은 왜 악성 댓글을 다는 걸까?"

슬금슬금 눈치를 보던 아이들이 입을 열기 시작했어요.

"남 욕하는 게 재미있나 보죠, 뭐."

"다른 사람 앞에서는 말을 못하지만, 댓글로는 아무 말이나 할 수 있잖아요."

"맞아, 자기가 누군지 아무도 모르니까요. 아니, 제가 그랬다는 건 물론 아니에요."

아이들 몇은 겁먹은 표정으로 손사래를 쳤어요. 고 형사는 고개를 끄덕였지요.

"그래, 맞아. 인터넷은 누구나 쉽게 사용할 수 있고, 자신을 감출 수 있어. 그래서 등장한 게 '닉네임'이잖아. 닉네임은 알 수 있어도 그 사람이 어떤 사람인지는 아무도 모르지. 이게 바로 인터넷의 익명성이라고 하는 거야. 그러다 보니 자신도 모르게 걸러 내지 않고 말을 함부로 쓰

게 되지."

고 형사의 말에 아이들은 억울한 표정으로 소리치기 시작했어요.

"왜 저를 쳐다보세요?"

"전 악성 댓글 안 달았어요!"

"너 보는 거 아니야. 형사님 눈이 작아서 그래."

마침 수업이 끝났다고 알리는 종이 요란하게 울렸어요. 고 형사가 웃음을 터트린 건 그때였어요.

"크하핫!"

콧구멍을 벌름거리며 웃어대는 고 형사의 모습은 영락없는 고릴라였어요. 악성 댓글을 안 썼다며 소리치는 아이들의 모습을 보고 웃음이 터진 눈치였어요. '무섭게 생긴 고릴라가 웃는다면 꼭 저렇게 생겼겠지' 하고 아이들은 생각을 했답니다. 어쩐지 우스꽝스런 모습이었어요. 한바탕 웃음을 터트리고 난 고 형사는 아무 일도 없다는 듯 말했어요.

"좋아! 오늘은 여기까지만 하지. 너희도 좀 더 인터넷에 관해 공부해 봐. 그리고 나중에 또 얘기해 보도록 하자. 알았지?"

고 형사의 검색 기록

사진 공유 문화를 바꾸어버린 스마트폰 | 검색

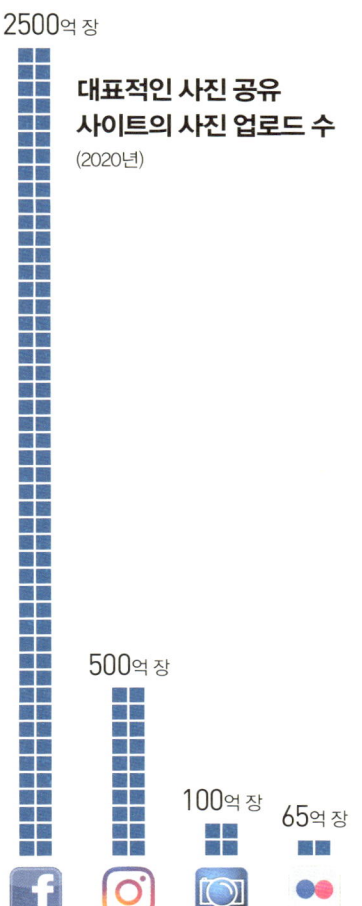

대표적인 사진 공유 사이트의 사진 업로드 수 (2020년)

- 2500억 장 - 페이스북
- 500억 장 - 인스타그램
- 100억 장 - 포토버켓
- 65억 장 - 플리커

인터넷이 나타나기 전에 사람들은 사진을 어떻게 공유했을까? 사진기로 사진을 찍고, 사진 액자에 넣어 보관을 하고 집에 방문하는 사람들에게 사진을 보여 주는 것이 일반적이었어. 인터넷이 발달하고 디지털카메라가 개발되면서 사람들은 훨씬 많은 양의 사진을 보관할 수 있게 되었지. 그리고 이메일을 통해서 사진을 전송했어.

지금은 어때? 이제 카메라보다 스마트폰으로 사진을 찍는 사람이 더 많아. 스마트폰으로 주변에서 일어나는 일을 바로바로 사진에 담아 SNS를 통해 많은 사람과 공유할 수 있거든. 이제 사진을 찍고 즐기고 보관하는 일이 모두 스마트폰에서 이루어지고 있는 거지!

덕분에 사람들이 찍는 사진의 양과 인터넷으로 공유하는 횟수가 엄청난 속도로 늘어났어. 2020년 페이스북에는 초당 4천 개 이상, 매일 3억 5천만 개의 사진이 업로드 되고 있거든! 스마트폰의 발달이 사진 공유 문화도 바꾸어 버린 거야.

우리만의 세상

 스마트폰 속 동영상

고 형사가 막 교실을 나가려는 참이었어요.

"은서야, 너 지금 손에 들고 있는 게 뭐니?"

교실 뒤에서 수업을 지켜보던 장 선생님의 목소리가 들렸어요. 아이들의 눈은 일제히 은서에게 향했지요. 얼굴이 빨갛게 달아 오른 은서가 어쩔 줄 모르고 있었어요.

"수업 시간에는 〈휴대 전화 사용 금지!〉 모르니?"

가만 보니, 은서의 손엔 하얀 스마트폰이 있었어요. 수업 시간 내내 몰래 인터넷을 한 게 틀림이 없었어요. 은서의 스마트폰 속에서는 누군가 춤을 추고 있었어요.

"우아! 소녀세대 노래다!"

"나도 보여 줘!"

눈치 없는 몇몇 아이들이 소리를 질렀어요.

"다들 조용히 해!"

장 선생님의 눈이 날카롭게 올라간 건 그 순간이었어요. 장 선생님은 반 아이들을 의식한 듯 은서에게 다가가 나지막한 소리로 말했어요.

"잠깐 교무실로 내려오렴."

교무실에 온 은서는 고개를 들지 못했어요. 새빨개진 얼굴로 눈물까지 글썽거렸어요.

"대체 왜 수업 시간에 휴대 전화를 켜고 있었던 거니?"

장 선생님은 믿기지 않는 표정으로 은서를 바라보았어요. 사실 은서는 있는 듯 없는 듯 조용하고 말썽도 전혀 부리지 않는 아이였거든요.

"수업 시간에 휴대 전화를 사용하면 벌을 받게 되는 거 알지? 수업이 모두 끝날 때까지 선생님이 가지고 있을 거야. 알았지?"

장 선생님의 야단에 은서는 고개도 제대로 들지 못한 채 푹 숙였어요.

"그리고 은서는 오늘부터……."

장 선생님이 은서에게 마땅한 벌을 내리려는 참이었어요. 언제 왔는지 두 사람 사이로 다가온 고 형사가 말했어요.

"선생님, 한 번만 용서해 주십시오. 다시는 안 그럴 겁니다. 그렇지 은서야?"

잔뜩 겁에 질린 눈으로 은서는 고개만 끄덕끄덕했어요.

"하지만 잘못했으면 당연히 벌을……."

잠시 고민하던 장 선생님도 어쩔 수 없다는 표정으로 은서를 보았어요.

"이번 한 번만 용서해 주는 거야. 알았지? 휴대 전화는 수업 끝나고 찾으러 와."

스마트폰을 서랍 속에 넣으려던 장 선생님이 문득 은서를 향해 물었어요.

"은서야! 네 스마트폰 안에 춤 동영상들이 가득 들어 있던데, 너 춤추는 거 좋아하니?"

은서는 대답을 못한 채 고개만 다시 푹 떨구었어요. 고 형사의 작은 눈빛이 반짝 빛난 건 그때였어요. 은서가 교무실을 나가자, 고 형사는 잽싸게 은서의 스마트폰을 집어 들었어요.

"춤 동영상이라고?"

고 형사는 스마트폰 속의 동영상을 일일이 확인해 보기 시작했어요.

"왜 그러세요, 고 형사님?"

장 선생님이 의아한 표정으로 바라보자, 고 형사는 의미심장한 표정을 지었어요.

"이 스마트폰 속에 답이 있을 지도 모르겠군요. 악성 댓글의 답이!"

스마트폰 속에 답이 있어요!

고 형사의 검색 기록

| 순식간에 퍼지는 유행, 인터넷 밈(meme) ▼ | 검색 |

밈(meme)은 문화가 마치 유전처럼 사람에서 사람에게 전달되는 것을 뜻해. 인터넷 밈이란 누군가의 말과 행동, 어떤 그림이나 동영상이 인터넷을 통해 많은 사람에게 매우 빠르게 퍼져 나가는 현상을 말하지. 유튜브 같이 전 세계인이 사용하는 공유 사이트가 늘어나면서 인터넷 밈 현상은 흔하게 일어나고 있어.

전 세계인의 마음을 사로잡았던 싸이의 말춤도 대표적인 인터넷 밈이라고 할 수 있어. 2012년 7월 처음 유튜브에 오른 '강남 스타일' 뮤직 비디오는 공개 50여 일 만에 1억 명이 시청했고, 2012년 12월 22일에는 유튜브 사상 처음으로 10억 명이 조회한 동영상이 되었어.

프랑스 파리 무대에 오른 가수 싸이. 광장을 가득 채운 프랑스 시민이 함께 말춤을 추며 '강남 스타일'을 따라 부르고 있다.

인터넷이 세상에 오기까지

인터넷 없는 세상을 상상할 수 있나요? 인터넷 덕분에 전 세계가 하나로 연결되어 사람들은 언제 어디서든 서로 정보를 주고받을 수 있지요. 이런 어마어마한 일을 가능하게 한 인터넷은 어떻게 생겨난 걸까요?

1969년
미국 국방성의 고등연구계획국(ARPA)에서 세계 최초의 통신망 아르파넷(ARPAnet)을 개발했어요.

1973년
영국과 노르웨이가 아르파넷에 접속해 최초의 해외통신이 이루어 졌어요.

1982년
통신망(네트워크)이 서로 연결되어 있다는 뜻의 '인터넷'이라는 이름이 처음 사용되었어요. 한국에서는 서울대학교와 한국전자통신연구원 사이에 연구개발용 네트워크인 SDN(System Development Network)을 설치했어요.

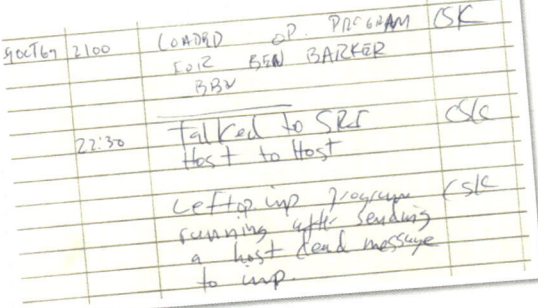

아르파넷으로 전송된 첫 번째 메시지

2020년
인터넷 인구 47억 시대를 맞이했어요.

스마트 폰이나 태블릿 PC 덕분에 이제 손바닥 위에서 인터넷을 즐길 수 있게 되었어!

2014년
과학기술정보통신부가 '사물인터넷 기본계획'을 발표했어요. 사물인터넷은 무선 통신으로 각종 사물을 연결해 원격 조정하거나 데이터를 주고받으며 정보를 스스로 분석하는 인공지능 기술이에요.

2008년
구글의 인터넷 웹 브라우저 '크롬'이 서비스를 시작했어요. 크롬은 이용자가 빠르게 증가해 2008년 인터넷 익스플로러를 제쳤어요.

1991년

영국의 과학자 팀 버너스 리 박사가 정보통신망 월드와이드웹(WWW)을 개발해 일반 사람들도 쉽게 인터넷을 접할 수 있게 되었어요.

인터넷의 아버지라고 불리는 팀 버너스 리

1993년

미국의 일리노이 대학교에서 세계 최초의 웹 브라우저(웹에 접근하는 통로)인 모자이크(Mosaic)를 개발했어요.

1994년

미국 넷스케이프 사가 만든 웹 브라우저인 넷스케이프(Netscape)가 개발되어 일반 사람도 인터넷을 쉽게 사용할 수 있게 되었어요.

1998년

우리나라에서 초고속 인터넷 서비스를 시작했어요. 이후 4년 만에 대한민국은 초고속 인터넷 가입자가 1000만 명을 넘어섰지요.

1996년

미국의 마이크로소프트(MS) 사가 웹 브라우저 '인터넷 익스플로러(IE)'를 개발했어요.

1994년

한국통신(지금의 KT)에서 우리나라 최초로 일반 사용자를 위해 KORNET(코넷)이라는 인터넷 서비스를 제공했어요. 그 뒤를 이어 PC통신 회사였던 천리안, 나우누리 등도 인터넷 서비스를 시작했어요.

토론왕 되기!

학생들에게 스마트폰이 꼭 필요할까?

한국 인터넷 진흥원에서 발표한 '2011년 스마트폰 이용 실태 조사'에 따르면 스마트폰 이용자 10명 가운데 7명이, 청소년은 4명 가운데 1명이 스마트폰 중독 경향을 보였다. 대부분 소셜 네트워크 서비스(SNS)와 관련된 증상으로, 설문조사를 받은 청소년 대부분이 스마트폰으로 끊임없이 메시지를 확인하지 않으면 불안한 마음이 든다고 대답했다. 또한 학생들이 스마트폰을 갖고 싶어 하는 이유에 관해 가장 많은 대답은 '친구들이 다 가지고 있어서'였다. 친구들은 카카오톡으로 전체 채팅방에서 대화하고 약속을 잡는데, 일반 휴대 전화로는 채팅방에 들어가지 못하고 자연스럽게 따돌림을 받는다고 이유를 말했다.

언제 어디서든 손가락 하나로 버튼을 누르기만 하면 화면에 나타나는 게임과 빠르게 연결되는 인터넷 그리고 쉬지 않고 도착하는 친구들의 메시지. 결국 사람들은 한시도 스마트폰에서 눈을 떼지 못한다. 스마트폰 중독은 건강에도 좋지 않은 영향을 끼친다. 밤낮 없이 작은 화면을 보면 시력도 나빠지고 자세도 비뚤어지며 종일 전자파에 노출되기 때문이다.

어른들은 어린 학생들이 일찍부터 휴대 전화를 사용하는 것을 나쁘게 생각하는 경향이 강하다. 하지만 어린 학생들의 휴대 전화 사용을 억지로 막을 수 없는 이유도 있다. 맞벌이 부부가 증가하면서 아이들은 혼자 있는 시간이 많아졌다. 혼자서 등하교를 하고 학원을 가다 보니 안전을 위해 보호자와 손쉽게 연락할 방법이 필요했는데, 휴대 전화는 이를 해결할 수 있는 훌

요즘 학생들은 종일 '스마트폰'을 손에서 놓지 않는다.

륭한 수단이 되었다. 납치나 성폭행 등의 흉악 범죄가 늘어나자 기존 휴대 전화에 더욱 많은 기능을 담은 스마트폰이 주목받게 된 것이다. 스마트폰을 이용하면 보호자나 경찰에 빠르게 연락할 수 있고, 게다가 '위치 추적'이라는 기능을 이용하면 사용자 자신의 위치를 상대방에서 비교적 정확하게 알려 줄 수 있다는 장점도 갖췄다.

핵가족과 맞벌이 부부가 늘어나는 상황에서 부정적인 측면으로만 접근하여 학생들의 스마트폰 사용을 막을 수는 없다. 그렇다면 '스마트폰을 사용하는 데에 몇 가지 원칙을 두는 것'이 좋은 해결 방법이 되지 않을까? ○학년 이후에 스마트폰 구입하기, 주말이나 학교에서 스마트폰 끄기, ○시 이후에 스마트폰 켜지 않기 등 학생과 선생님, 부모님이 서로 의견을 모아 원칙을 정하고 서로 지키기 위해 노력을 한다면 스마트폰 중독을 해결하는 최선의 방법을 찾을 수 있을 것이다.

줄긋기

고 형사가 퀴즈를 냈어요.
아래 인터넷 용어와 설명을 잘 읽어 보고 해당되는 것들을 연결해 보세요.

에니악　㉠

인터넷 밈　㉡

소셜 네트워크
서비스(SNS)　㉢

네티즌　㉣

❶ 통신망을 뜻하는 '네트워크'와 시민을 뜻하는 '시티즌'을 합친 말이야. 인터넷 공간에서 활동하는 사람을 일컫는 말이지.

❷ 특정한 관심이나 활동을 함께하는 사람들 사이의 관계를 만들어주는 온라인 서비스를 말해.

❸ 공학자 에커트와 모클리가 만든 것으로 세계 최초의 컴퓨터야. 이것의 몸집은 어마어마해서 사무실 하나를 다 채울 정도였어.

❹ 누군가의 말과 행동, 어떤 그림이나 동영상이 인터넷을 통해 많은 사람들에게 매우 빠르게 퍼져 나가는 현상을 말해. 대표적으로 싸이의 '말춤'이 있지.

정답 ❶-㉣, ❷-㉢, ❸-㉠, ❹-㉡

얼굴이 보이지 않는 공간

댄싱퀸의 정체

"그게 무슨 말씀이세요? 스마트폰 속에 답이 있다니요?"

장 선생님이 동그래진 눈으로 고 형사를 바라보았어요. 고 형사는 은서의 스마트폰 속 동영상 파일들을 하나씩 재생해 보고 있었어요. 은서의 스마트폰 속엔 동영상이 한가득 들어 있었는데 고 형사는 그중에 한 동영상을 장 선생님에게 보여 주었어요. 동영상을 확인한 장 선생님의 입은 떡 벌어지고 말았어요. 은서가 음악에 맞춰 춤을 추고 있는 동영상이었거든요.

"은서라는 학생, 평소에 어떤 아인가요? 친구들은 많나요?"

고 형사의 질문에 장 선생님은 어안이 벙벙한 표정이었어요.

"아뇨. 워낙 내성적이라 아이들과 말도 잘 못하는 걸요. 학교에서도 있는 듯 없는 듯 조용한 아이인데 저렇게 신나게 춤을 추다니……. 정말 은서가 맞을까요?"

장 선생님은 믿기지 않는 듯 다시 동영상을 보았지요. 고 형사가 고민스런 표정으로 한숨을 내쉰 건 그때였어요. 무언가를 몹시 망설이는 눈치였어요. 고 형사는 결심한 듯 입술을 다부지게 깨물더니 말을 이었어요.

"장 선생님, 놀라지 마세요. 사실은 은서가 바로 게시판 악성 댓글 사건의 범인입니다."

고 형사의 말에 장 선생님은 자기 귀를 의심했어요. 은서가 악성 댓글을 올린 아이라니! 상상조차 할 수 없는 일이니까요. 하지만 고 형사의 목소리는 단호했어요.

"게시판을 잘 살펴보세요. 악성 댓글을 보면 두 개의 아이디가 눈에 띕니다. '댄싱퀸'과 '득템왕'! 악성 댓글 분위기를 만든 주인공들이지요. 사실 여기에 오기 전에 카페의 게시판 관리자를 통해 아이들의 실명을 미리 알아봤어요. '댄싱퀸'이 바로 은서였어요."

"세상에!"

장 선생님은 말문이 턱 막혔지요. 도저히 믿기지 않는 듯 고개만 절레절레 저었어요.

"은서는 반에서 제일 얌전한 아이예요. 그런 애가 어떻게 그런 악성 댓글을 달아요?"

"저도 그 이유를 몰라서 고민 중이었어요. 그런데 동영상을 보니 실마리가 잡히는 것 같네요. 장난으로 악성 댓글을 다는 사람들도 있지만, 어떤 이유가 있는 경우도 많아요. 자, 이 댓글들을 보세요."

고 형사는 장 선생님 컴퓨터 화면에 떠 있는 카페 게시판의 댓글을 가리켰어요.

┗ 🎃 **댄싱퀸** 주미가 댄싱퀸? 헐, 댄싱퀸이 다 얼어 죽겠네!

┗ 🎃 **댄싱퀸** 이게 춤이라고? 굼벵이가 꿈틀꿈틀~~ 굼벵이퀸이닷!

┗ 🎃 **댄싱퀸** 댄싱의 'ㄷ'자도 모르는 게 댄싱 영어 철자는 아냐?

장 선생님은 도저히 믿기지가 않았어요. 고 형사는 다시 인터넷을 검색하기 시작했어요. '댄싱퀸'이라는 아이디가 올린 다른 카페의 게시글을 검색해 보는 거지요. 고 형사는 댄스 카페 중 한 곳에 들어가 한 동영상을 장 선생님에게 보여 주었어요.

"보세요. 은서는 인터넷 스타예요."

동영상 속 은서는 학교에서와는 완전히 다른 모습이었어요. 자신만만한 표정으로 춤을 추고 있었지요. 그리고 동영상 아래로는 마우스로 스크롤 하는 일이 힘들 만큼 수많은 사람의 댓글이 보였어요.

ㄴ 🍅 **댄싱머신** 제가 본 사람들 중에 제일 잘 춰요!

ㄴ 🎃 **힙합전사** 우아~ 진짜 대박. 어느 초등학교임?

ㄴ 🎃 **댄싱퀸2** 당신을 진정한 댄싱퀸으로 인정합니다!

고 형사는 말을 계속 이어갔어요.

"은서의 모습을 보세요. 엄청 잘 추죠? 게다가 많은 사람이 진정한 댄싱퀸으로 인정하고 있어요. 그런데 학교 아이들은 주미를 댄싱퀸으로 추켜세우고 있고 게다가 우쭐대는 주미까지 보고 있자니 속이 상하는 거예요. '내가 훨씬 잘 추는데!'라는 생각을 하면서 말이에요. 그런 속마음이 악성 댓글로 나타난 거지요."

"그렇군요."

"은서는 부끄러움이 많아 사람들 앞에서는 춤을 잘 추지 못하지만 혼자서는 맘껏 춤을 추는 아이였던 거예요. 자신이 춤을 추는 모습이 담긴 동영상을 본 사람은 칭찬으로 댓글을 남겨 주니 그야말로 인터넷의

댄싱퀸으로 불리는 스타였던 셈이죠. 하지만 현실은 인터넷 세상과 완전히 다르잖아요. 현실에 놓인 은서는 자꾸 움츠러들 수밖에 없는 거랍니다."

장 선생님과 고 형사의 얼굴은 심각해졌어요.

"자, 그럼 이제 은서를 어떻게 해야 할까요?"

"이런 방법은 어떨까요?"

장 선생님은 고 형사의 귀에 대고 뭔가를 속닥거리기 시작했어요. 잠시 뒤 고 형사의 얼굴이 환하게 밝아졌답니다.

고 형사의 검색 기록

유튜브 조회수가 중요한 이유   검색

유튜브(YouTube)는 구글이 2006년 인수^{물건이나 권리가 넘어옴}한 세계 최대 무료 동영상 사이트야. 유튜브의 '튜브'는 영어로 TV를 뜻해. 즉 '유튜브' 이름 자체가 '사용자가 직접 만드는 TV'라는 뜻이지.

유튜브가 생기기 전에는 사람들이 자신이 만든 동영상을 많은 사람들에게 한꺼번에 보여 주기가 쉽지 않았어. 하지만 이제는 컴퓨터를 사용하는 누구나 유튜브에 동영상을 올릴 수 있고 몇 분 만에 수백만 명이 볼 수 있게 되었지. 유튜브에 올라오는 다양한 주제의 동영상은 인터넷 문화의 중요한 한 부분으로 자리 잡게 되었어. 폭발적인 유튜브 조회수는 많은 돈을 가져다 주거나 스타를 만들어 내기도 한단다. 예를 들어 직접 만든 화장품으로 화장하는 모습을 찍어 유튜브에 올린 미셸 팬이란 누리꾼은 자신의 이름을 딴 화장품 브랜드를 만들어 판매하게 되었어. 셰이칼이란 사람은 자신의 일상을 재미있게 동영상으로 찍어 유튜브에 올리다 인기를 끌어 광고 수익으로 큰돈을 벌었어. 인기 가수 저스틴 비버는 유튜브에 노래하는 모습을 올렸다가 세계적인 스타가 되었지. 지금 이 순간에도 유튜브에는 1분마다 500시간 분량의 동영상이 새로 업로드되고, 매일 50억 회 이상의 동영상이 재생되고 있단다.

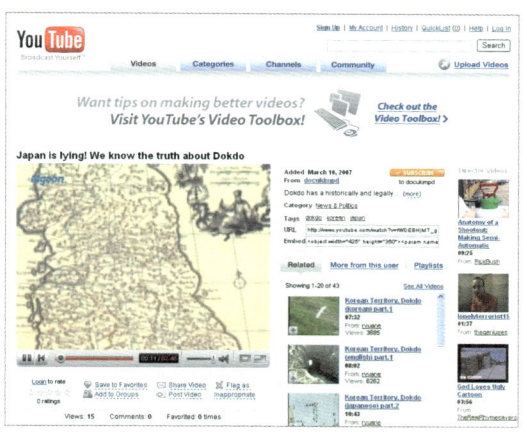

유튜브로 홍보나 광고 효과를 노리기도 한다.
사진은 유튜브에 올라온 '독도는 한국 땅' 영상물.

 나는야 인터넷 스타

　다음날 고 형사가 학교에 다시 나타났어요. 쉬는 시간이 채 끝나지 않은 시간이었지요. 고 형사는 성급히 4학년 2반 교실을 둘러보았어요. 은서 자리는 비어 있었어요. 장 선생님과 약속하고 은서를 잠시 교무실로 불렀거든요.
　"어, 형사님! 오늘 또 오셨네요?"
　"우아, 오늘 수학 수업 없겠다, 히히힛."
　아이들은 고 형사와 이야기를 나눌 생각에 기분이 들떠 있었어요.
　"일일 교사를 하기에는 아쉬운 점이 많아서 말이지. 당분간은 고 선생님이라고 불러다오! 크하핫!"
　고 형사는 익살스런 표정으로 무슨 비밀 얘기라도 들려주듯 아이들에게 말했어요.
　"얘들아, 오늘은 아주 특별한 동영상을 하나 보여 주겠어. 놀라지 마."
　"우아!"
　고 형사의 말에 아이들은 신이 났어요. 아이들이 놀랄 만한 특별한 동영상은 과연 무엇일까요? 컴퓨터를 켠 고 형사는 동영상 하나를 클릭했어요. 동영상이 재생되자 교실 안은 금세 환호성이 터졌어요.
　"와! 소녀세대 노래다."

"여자애가 춤을 추네? 우아, 잘 춘다."

하지만 잠시 후, 아이들의 눈은 휘둥그레졌어요.

"저, 저 애는 은서 아니야?"

"정말! 은서 같은데?"

동영상 속의 여자아이는 바로 은서였거든요. 소녀세대 음악에 맞춰서 멋지게 춤을 추는 은서! 마침 동영상이 끝나자 은서가 장 선생님과 함께 교실로 들어왔어요. 아이들은 우르르 은서에게로 달려갔어요.

"우아! 너 진짜 멋지더라."

"언제 그렇게 춤을 배운 거야?"

아이들의 반응에 은서는 어리둥절했지요. 하지만 곧 교실 컴퓨터에 뜬 자신의 동영상을 발견하고는 깜짝 놀라고 말았어요. 그때 장 선생님이 은서의 어깨를 토닥거리며 말을 걸었어요.

"은서가 이렇게 재능이 뛰어난 줄 선생님도 처음 알았네. 강은서! 이런 재능을 감쪽같이 숨기고 있었다니! 당연히 너도 장기 대회 참가 신청을 해야지, 안 그래?"

선생님의 말에 은서의 얼굴은 홍당무가 되었지요. 그러자 이번에는 고 형사가 나섰어요.

"은서야, 너도 인터넷 밖에서 충분히 스타가 될 수 있어. 이번 장기 자랑 대회에서 너의 가능성을 보여 줘. 용기를 내보는 게 어때?"

하지만 은서는 당황한 눈치였어요.

"저, 전……."

그때였어요.

"은서야, 신청해! 진짜 멋있더라."

아이들이 소리쳤어요. 은서의 짝인 창수는 신이 나서 말했어요.

"은서야, 넌 분명히 1등 할 거야."

창수의 말에 은서의 얼굴은 더욱 빨개졌답니다. 하지만 창수의 말에 주미는 몹시 기분이 상한 눈치였어요.

"흥, 1등은 아무나 하는 줄 아니? 진짜 무대에 서 본 적도 없는 은서가 어떻게 1등을 하겠어?"

주미의 말에 몇몇 친구들이 일제히 말을 보탰어요.

"맞아! 진짜 무대는 혼자 추는 인터넷 하고는 달라."

교실 안은 순식간에 시끄러워졌어요. 아이들의 기 싸움이 팽팽해졌거든요.

"은서가 더 잘 추는 것 같은데?"

"아니야, 주미네 팀이 훨씬 잘 춰!"

양 편으로 갈라진 아이들을 말릴 사람은 장 선생님뿐이었어요. 장 선생님은 아이들을 향해 소리쳤어요.

"얘들아, 여기서 이렇게 싸울 필요가 없잖아? 누가 잘하는지는 장기

고 형사의 검색 기록

3G? LTE? 이게 다 뭐람? ▼ | 검색

스마트폰을 사용하면 3G, LTE라는 용어를 자주 듣게 돼. 이게 다 무슨 뜻일까? 숫자 뒤에 'G'는 세대를 뜻하는 'Generation'의 줄임말이야. 3G(3세대), 4G(4세대)라는 세대 구분은 국제기구인 '국제전기통신연합(ITU)'에서 정한 것인데 그 기준은 바로 네트워크의 '전송 속도'야. 네트워크의 전송 속도에 따라 음성, 문자, 영상, 동영상 등의 통신 서비스 내용이 달라질 수밖에 없거든. 이 때문에 자연스럽게 1G-2G-3G-4G로 세대 구분이 이루어지는 것이지.

1G의 휴대 전화는 '벽돌폰'이라고 불릴 만큼이나 무겁고 컸어. 그 가격도 수백만 원을 웃돌 만큼 비쌌지. 2G가 되어서야 휴대 전화의 크기가 작아지고 가격이 크게 내려 많은 사람이 사용할 수 있었어. 3G부터 음성 통화와 문자 서비스 외에 메일을 주고받거나 동영상과 같은 멀티미디어 전송도 가능해 졌는데 이때 스마트폰이 등장했어. LTE(Long Term Evolution)는 '3G를 장기적으로 진화시키는 기술'이라는 뜻이야. 지금은 4G와 같은 말로 사용되지. 새롭게 등장한 5G의 초고속 근거리망 기술이 널리 보급되면 스마트폰과 같은 제한된 통신장비를 넘어서 모든 물체가 인터넷으로 연결되는 세상이 열리게 될 거야.

	주요서비스	상용화
1세대(1G)	음성 통화	1981년
2세대(2G)	음성 통화, 문자	1989년
3세대(3G)	음성 및 영상 통화 무선 인터넷	2000년
4세대(4G)	인터넷으로 다양한 멀티미디어 전송	2010년
5세대(5G)	인공지능, 사물인터넷, 자율주행 자동차 등에 널리 사용	2019년

이동통신 서비스의 발달

대회가 열리는 날에 직접 보면 될 거 아니야. 그러니까 진짜 승부는 장기 대회 날에 치르는 걸로 하자! 알았지?"

 무시무시한 신상털기

고 형사의 인터넷 수업이 다시 시작되었어요. 갑자기 고 형사의 표정이 이상해졌어요. 콧구멍이 벌름벌름, 눈가엔 주름이 자글자글! 금세라도 웃음을 터트릴 것 같은 표정으로 고 형사가 말했어요.

"오늘은 재미있는 게임으로 수업을 시작해 볼까? 이름하여, 〈과연 누구일까요?〉 게임이야. 지금부터 내가 설명하는 사람이 누군지 맞혀 봐! 4학년 2반 남학생인데, 키는 146센티미터에 좀 통통한 편이지. 성은 황 씨야. 누굴까?"

아이들은 고개를 갸웃거렸어요. 4학년 2반엔 황씨 성을 가진 남자아이가 셋이나 있거든요. 황창수, 황우진, 황진서. 그중 진서는 마른 편이니까 해당 사항이 없지만, 창수와 우진이는 키와 몸무게도 비슷했어요.

"창수 아니면 우진인데? 힌트 좀 더 주세요."

주미의 말에 고 형사가 고개를 끄덕였지요.

"내가 형사로서 알아낸 내용을 알려 주지. 학교 뒤에 있는 화창아파트에 살아. 그리고 성적도 확인해 봤는데, 지난번 시험에 15등을 했더라고."

고 형사의 말이 끝나기 무섭게 아이들이 입을 모아 소리쳤어요.

"황창수!"

창수는 신기하게도 30명뿐인 반에서 늘 15등을 했어요. 그래서 별명도 '반등이'지요. 고 형사는 특유의 고릴라 미소를 지으며 고개를 끄덕였어요.

"크하핫, 맞아, 황창수! 그런데 내가 창수에 대해 조사한 게 이것만이 아니야. 창수가 좋아하는 음식은 매운 떡볶이, 창수의 미래 희망은 수학 선생님 그리고 창수가 좋아하는 여자아이는……."

창수의 얼굴이 하얗게 질린 건 그때였어요. 사실 창수는 처음부터 기분이 나빴답니다. 자신에 관한 정보가 아무렇지 않게 고 형사의 입에서 술술 나오는 게 불편했으니까요. 급기야 '창수가 좋아하는 여자아이'라는 말까지 나오자 창수는 몹시 당황한 눈치였어요. 사실 창수가 짝꿍인 은서를 좋아한다는 사실은 아무도 모르는 일급비밀이었거든요.

"으악! 안돼애애!"

창수는 고함을 질렀어요. 순간 고 형사는 그렇잖아도 큰 입을 뚱하게 내밀었지요.

"창수가 좋아하는 여자아이는 모른다고 말하려고 한 건데……."

"뭐야? 에이."

잔뜩 호기심에 부풀었던 아이들은 실망하고 말았어요. 반면 창수는 안도의 숨을 내쉬었지요. 하지만 여전히 기분이 나빴답니다.

"고 형사님, 제 성적표 보셨어요? 주소는 어떻게 알아내셨어요?"

창수가 퉁명스런 목소리로 물었어요. 고 형사가 대답할 틈도 없이 한 아이가 소리쳤어요.

"형사님, 창수 같아요."

"맞아! 창수도 매일 연예인들의 학교 때 성적, 누구랑 사귀는지, 성형 수술하기 전의 모습이 어땠는지 마구 조사하고 다니잖아."

사실 창수는 '연예 박사'라는 별명으로도 불렸는데 연예인들의 개인

고 형사의 검색 기록

인터넷으로 개인 생활을 엿보는, 신상털기   [검색]

인터넷이 발달하면서 많은 사람에게 편리함을 가져다 주었지만, 부작용도 나타났어. 바로 개인 정보 침해_{상대방이 원하지 않는데 다가가 해를 끼침}야. 인터넷을 이용하다 보면 어쩔 수 없이 자신의 이름, 주소, 주민 등록 번호, 휴대 전화 번호 등 개인 정보를 입력하고 서비스에 가입하는데, 이런 개인 정보가 새어 나가면서 피해 사례가 생기기 때문이지.

개인 정보가 아무렇지 않게 이야깃거리가 되는 것은 큰 문제란다. 이러한 현상이 자주 등장하자 '신상털기'라는 인터넷 용어도 만들어졌어. 신상털기는 한 사람에 관한 일을 뜻하는 '신상'과 남이 가진 것을 빼앗는 것을 뜻하는 '털기'가 합쳐진 말이야. 즉, 특정 사람의 신상 자료를 인터넷 검색을 이용하여 찾아내어 다른 사람들에게 함부로 공개하는 행동이지.

특히 유명 연예인들은 자신의 개인 정보가 지나치게 공개되어 곤란에 빠지기도 한단다. 그런데 이런 일이 연예인에게만 해당하는 이야기가 아니야. 인터넷을 사용하고, 인터넷 속에 자신의 정보가 담기는 순간 어느 누구라도 피해를 입을 수 있거든. 때로는 엉뚱한 사람이 피해를 보곤해. 실제로 한 고등학교에서 왕따 사건이 일어나 피해자 학생이 스스로 목숨을 끊는 사건이 있었어. 누리꾼들은 가해자 학생의 신상 정보를 찾아내어 인터넷으로 마구마구 퍼트렸고 그 학생의 휴대 전화에는 수천통의 욕설 문자가 전송되었어. 그런데 문자를 받은 학생은 가해자와 같은 이름을 가진, 사건과 아무런 연관도 없는 학생이었어. 앞뒤 가리지 않은 신상털기가 제2의 피해자를 만들어 낸 거야.

정보를 알아내는 데 선수이기 때문이지요. 그런 창수가 이번엔 거꾸로 당한 셈이었어요. 그제야 창수와 아이들은 깨달았어요.

"이거, 마치 신상털기같아."

"크하핫! 이제야 눈치챘군!"

고 형사와 아이들은 웃음을 터트렸어요. 하지만 창수는 몹시 당황한 표정이었어요. 아이들의 말을 듣고 있던 창수는 자리에서 벌떡 일어났어요. 그러더니 아이들을 향해 소리쳤어요.

"야! 웃지 마. 기분 나쁘다고! 이제부터 연예 박사 이런 거 안 해!"

평소 말이 없던 찬우가 문득 입을 열었어요.

"고 형사님 얘기를 듣다 보니까 생각나는 일이 있어요. 사실은요, 얼마 전에 뉴스에 나왔던 '편의점 용감남' 사건의 주인공이 바로 우리 삼촌이거든요."

찬우의 말에 아이들은 몹시 놀랐어요.

"우아! 진짜?"

"강도를 잡은 사람이 너희 삼촌이었어?"

찬우네 삼촌은 얼마 전에 편의점을 지나가다가 수상한 사람을 봤답니다. 조심스레 편의점으로 다가가 보니 강도가 직원을 협박해서 돈을 빼앗고 있었어요. 태권도 사범이던 삼촌은 편의점 문을 박차고 들어가 뒷발차기로 범인을 멋지게 쓰러뜨린 후 경찰에 신고했어요. 그런데 그

장면이 편의점 CCTV에 고스란히 찍혔고, 뉴스에 그 장면이 나오자마자 사람들은 '용감한 시민상'을 주어야 한다는 글을 인터넷에 올리기 시작했답니다. 몇몇 사람들은 삼촌의 이름까지 알아내었고, 결국 삼촌은 '용감한 시민상'을 타게 되었어요.

"그럼 그때 상을 탄 사람이 너희 삼촌이야? 우아! 멋지다!"

하지만 찬우는 시큰둥한 표정으로 말했어요.

"그런데 우리 삼촌은 자기 이름을 알리고 싶지 않았나 봐. 근데 이름이 공개가 되면서 삼촌에 대한 정보들이 엄청 많이 인터넷에 올라온 거야. 어디에 사는지, 무슨 일을 하는지, 몇 살인지……. 게다가 어린 시절 사진까지 막 올라오잖아?"

찬우의 설명에 아이들도 무엇이 문제인지 아는 눈치였어요.

"그러게, 내 사진이 인터넷에 떠돌면 황당할 거야. 이상하게 찍힌 사진이면, 끔찍해!"

하지만 여전히 호기심 가득한 표정으로 말하는 아이도 있었지요.

"뉴스 보니까 어떤 할아버지는 평생 모든 재산을 기증했대요. 근데 그 사람이 누군지 정말 궁금하잖아요. 이름이라도 알아내면 좋겠어요."

고 형사는 고래를 절레절레 저었어요.

"물론 착한 일을 한 사람들을 찾아내서 상을 주고 칭찬해 주는 건 좋은 일이지. 하지만 재산을 기증한 할아버지는 절대로 자신이 누구인지 알리지 말라고 부탁했다고 하잖아. 거기엔 그만한 사연이 있을 거야. 그러니까 아무리 좋은 의도하고 해도 자신이 원하지 않는 정보를 공개하는 것은 옳지 않아. 너희도 꼭 기억해야 해. 자신이 원하지 않는 사람의 개인 정보를 함부로 인터넷에 올려 상대방을 불편하게 만든다면 그것도 범죄란다."

고 형사는 다시 한 번 강조했어요. 아이들이 일제히 '네'라고 대답하자마자 가만히 듣고 있던 창수는 주먹을 불끈 쥐었어요.

"고 형사님이 하는 일이 바로 그런 사람들을 찾아내어 혼내는 일이잖아요. 고 형사님, 저 장래 희망 바꿀래요. 저도 사이버 수사대 할래요. 고 형사님처럼요!"

창수는 마치 슈퍼맨이라도 된 양 두 손을 들어 하늘을 날아가는 시늉을 했어요.

"연예 박사님이 사이버 수사대를?"

"반등이가 먼저 일등이가 되어야 가능하지 않을까?"

"우헤헤헤!"

고 형사와 아이들은 웃음을 터트리고 말았어요. 교실은 어느 틈에 웃음바다가 되었답니다.

 인터넷 예절, 이것만은 지켜줘!

"그런데 고 형사님, 악성 댓글 범인은 언제 잡아요? 그것 때문에 오신 거 아니예요?"

수업이 거의 끝나갈 무렵, 아이들과 깔깔대던 고 형사에게 누군가가 갑작스런 질문을 던졌어요. 고 형사는 목소리의 주인공이 바로 주미라는 것을 알아차렸어요. 자신이 올린 동영상에 달린 악성 댓글을 보고 기분이 나빴던 주미는 하루라도 빨리 그 범인을 잡고 싶었던 거예요. 고 형사는 웃음을 멈추고 교실에 앉아있는 아이들을 쭉 둘러보았어요. 아이들의 얼굴은 얼음땡 놀이를 할 때처럼 굳었지요. 특히 은서의 얼굴은 하얗게 변해 버렸어요.

"정말 악성 댓글 단 사람을 찾아서 잡아갈 거예요?"

아이들의 눈망울이 불안하게 흔들렸어요. 고 형사의 얼굴이 험상궂게 일그러졌어요.

"그럴 수도 있지!"

순간 아이들의 목에서 마른 침 넘어가는 소리가 메아리처럼 울렸어요. 그 순간 고 형사의 얼굴엔 짓궂은 미소가 번졌어요. 그러고는 고 형사는 능청스럽게 말했어요.

"하지만 안 그럴 수도 있어. 너희의 잘못된 인터넷 문화만 싹 바꾼다면 말이야!"

순간 아이들의 얼굴엔 화색이 돌았지요.

"정말요?"

특히 은서는 막혔던 숨이 터진 것처럼 긴 숨을 내쉬었어요. 그러자 이번엔 교실 뒤에서 함께 수업을 듣고 있던 장 선생님이 교탁으로 올라왔

고 형사의 검색 기록

인터넷 예절, 네티켓 ▼ 검색

네티켓(netiquette)은 네트워크(network)와 예절을 뜻하는 에티켓(etiquette)이 합쳐진 말로, 네트워크(인터넷) 상에서 지켜야 할 예절을 말해. 인터넷에서는 익명성이 강한 특징을 지니고 있어서 자신도 모르게 불쾌한 행동을 저지를 수 있어. 그래서 네티켓은 인터넷을 즐기기 위해서 그리고 서로를 배려하기 위해서 필요하단다. 나라마다 네티켓 기준이 있지만, 1994년 미국 플로리다 대학교의 버지니아 셰어 교수가 정한 네티켓의 핵심 원칙은 세계적으로 가장 유명하지.

❶ 사용자 모두가 같은 인간임을 기억해요.
❷ 실제 생활처럼 다른 사람이 본다고 생각하고 행동해요.
❸ 자신이 접속하고 있는 곳의 문화를 따라 주어요.
❹ 다른 사람의 시간을 존중해 주어요.
❺ 교양 있는 사람으로 보이도록 해요.
❻ 필요한 정보만을 주고받아요.
❼ 감정을 잘 조절해요.
❽ 다른 사람의 개인 생활을 존중해요.
❾ 자신의 능력이나 힘을 함부로 사용하지 마세요.
❿ 다른 사람의 실수를 용서해요.

우리나라에서는 2000년 정보 통신 윤리위원회에서 네티즌 윤리 규범을 발표했어. 여기에는 게시판의 글은 짧고 분명하게 쓰고, 맞춤법에 맞는 말을 사용하고, 남을 지나치게 비판하지 말 것. 그리고 다른 사람과 채팅을 할 때에는 욕설 또는 빈정대는 말은 하지 않아야 한다는 등의 내용을 담고 있지.

어요.

"고 형사님과 의논했는데, 이번 사건을 계기로 장기 대회 카페 게시판에서는 실명제를 사용하기로 했단다."

주미가 놀란 표정으로 소리쳤어요.

"실명제요? 그럼 아이디가 아니라 실제 이름으로 댓글을 다는 거예요?"

"그래. 사실 게시판에 악성 댓글이 올라온 건 실명제가 아닌 탓도 있는 것 같거든. 자신의 이름이 알려진다면 그렇게 험한 말들을 쓰진 못하겠지?"

장 선생님의 말에 아이들도 호응하는 눈치였어요.

"맞아. 나도 아이디로 쓸 땐 '나를 모르겠지?'라는 생각에 괜히 말이 거칠어지더라."

"나도 그래. 괜히 욕도 해보고 싶고 말이야. 내가 누군지 알면 절대 안 그럴 텐데……."

하지만 인상을 찌푸리는 아이들도 있었어요.

"하지만 자유롭게 의견을 말할 수 있는 것도 중요하잖아요. 그게 인터넷의 장점이고. 내 이름이 알려지면 다른 사람의 눈치를 보느라 하고 싶은 말을 하지 못할 거예요."

"맞아요. '선생님이 이 글을 보면 뭐라고 생각하실까'하고 먼저 걱정부터 하게 될 걸요. 그리고 이름이 공개되면 내 정보가 새어 나갈 수도 있잖아요. 좀 전에 고 형사님이 말한 것 처럼요."

실명제에 반대하는 의견도 만만치 않았지요. 그러자 고 형사는 아이들을 설득하기 시작했어요.

"물론이야. 하지만 우리 카페는 학교 학생들만 가입할 수 있는 카페잖아. 누군가 나쁜 의도로 개인 정보를 캐내는 일은 없을 거야. 그리고 댓글이나 게시물 내용에 관여하지 않겠다고 장 선생님이 약속을 하셨어. 그렇죠, 장 선생님?"

고 형사의 말에 장 선생님도 고개를 한껏 끄덕였어요.

"걱정 마!"

그러자 아이들도 선생님과 고 형사의 의견에 뜻을 모았어요. 장 선생님이 빙그레 웃으며 말했어요.

"그런데 지금 카페에 들어가 보면 아이디로 표시된 게시물이 그대로 남아 있을 거야. 실명제로 바뀌는 순간 모두 아이디가 실명으로 바뀌게 돼. 그러니까 오늘 수업 마치고 게시판에 들어가 자신이 남긴 글을 다시 확인해 봐! 만약 나쁜 내용으로 가득 찬 게시물이 있다면, 그걸 읽은 다른 친구들이 언짢은 마음을 갖게 될 테니까……."

한 번이라도 악성 댓글을 달았던 아이들이 안심한 듯 한숨을 내쉬는 듯해 보였어요. 은서는 뭔가 결심하는 눈치였어요. 다시는 악성 댓글을 달지 않겠다는 결심이었지요. 그리고 은서는 또 한 가지 큰 결심을 했어요. 그날 밤, 카페 게시판에는 이런 글이 올라왔답니다.

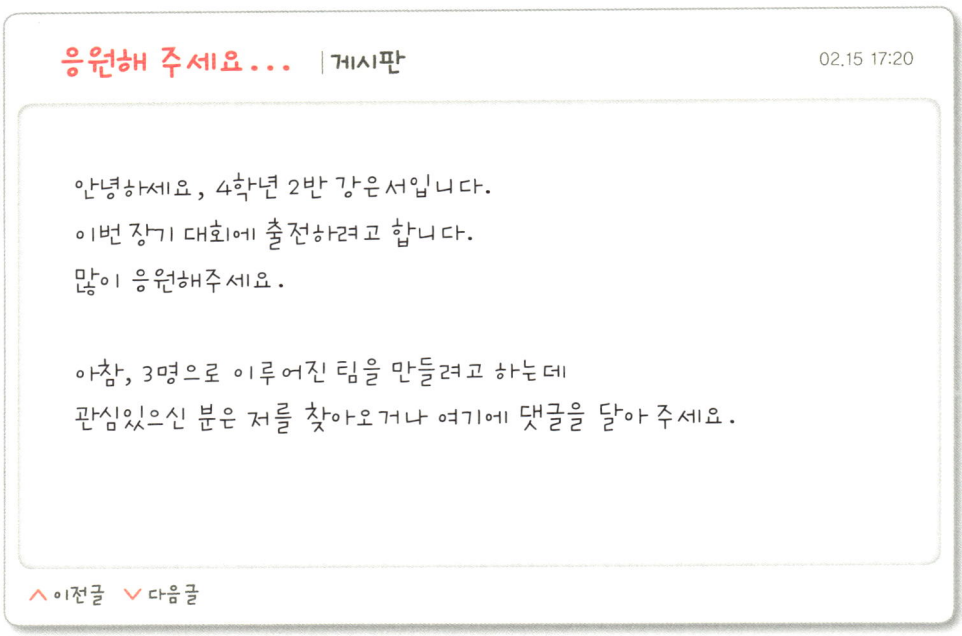

은서가 남긴 게시물 아래로 은서를 응원하는 댓글이 주렁주렁 달렸어요. 다음날 장 선생님은 교무실에서 카페 게시판에 올라온 게시물을 지켜보며 흐뭇한 미소를 지었어요. 옆에 서 있던 고 형사의 옆구리를 쿡 찌르며 장 선생님이 말했어요.

"그나저나 또 한 명의 주인공! '득템왕'은 누구일까요?"

고 형사의 검색 기록

SNS도 범인 수사대!   검색

SNS에 올라온 글은 엄청난 속도로 퍼져 나가지. 덕분에 뉴스보다도 더 빨리 사건을 알려 피해를 줄이는 일도 해내고 있어. 우리나라의 예를 들어볼까? 2013년 1월, 선릉역 근처에서 불이 나 자칫하면 출근길이 엄청나게 복잡해질 수도 있었어. 그런데 불이 나자마자 트위터에는 "선릉역 근처에서 화재가 발생했으니 참고하세요", "불을 끄고 있지만 교통 혼잡이 우려됩니다" 등의 글이 올라왔지. 이 글을 읽은 많은 시민이 그 길을 피해 무사히 출근했어. 이뿐만이 아니야. 비가 쏟아져 내려 지하철역이 물에 잠기는 피해가 발생했을 때도 시민은 뉴스보다 SNS에서 더 빨리 소식을 보고 안전한 곳으로 이동했지.

범인을 잡는데도 SNS도 중요한 역할을 하고 있어. 2012년 미국 주요 지역 수사관 1200명을 설문 조사한 결과, 80% 이상이 범죄 수사에 SNS를 활용한다고 대답했지. 그중에 가장 많이 활용하는 SNS는 페이스북이었고 유튜브와 트위터가 그 뒤를 이었어.

하지만 그만큼 거짓 내용도 빠르게 퍼져 나가기도 해. 실제로 트위터로 거짓말로 위험한 사건이 일어났다고 유포세상에 널리 퍼트림하는 사람들 때문에 경찰들이 애를 먹는 일이 종종 일어나곤 하지.

SNS를 활용하면 범죄 수사를 위한 정보를 쉽게 얻을 수 있다. 용의자의 흔적, 관계, 활동 범위 등을 확인하고 사진을 확보하는 데 매우 유용하기 때문이다.

통신의 역사

휴대 전화가 발명되기 전 사람들은 어떻게 소식을 주고받았을까요?
걸어 다니면서 멀리 떨어져 있는 친구와 손쉽게 대화를 할 수 있는
스마트폰이 발명되기까지 통신 기술이 어떻게 발전해 왔는지 살펴보아요.

고대 중국에서는 높은 산에 봉화대(봉수대)를 설치하여 불을 놓아 적군의 침입을 알렸어요. 우리나라도 예부터 봉화대 기술을 받아들여 나라의 국경에 설치했답니다.

조선시대에 중요한 편지를 전달하는 전령들이 타는 말을 '파발마'라고 불렀어요. 비가 와서 봉화대를 사용할 수 없을 때도 파발마를 이용했지요.

비둘기를 훈련시켜 편지를 전달하기도 했어요. 전쟁 때 많이 사용되었는데 이런 비둘기를 '전서구'라고 불렀지요.

1876년 미국의 과학자이자 발명가였던 그레이엄 벨은 조수와 함께 소리를 전기 신호로 바꿔 선을 통해 멀리 있는 사람에게 전달할 수 있는 전화기를 만들었어요.

이탈리아의 발명가이자 기업가였던 굴리엘모 마르코니는 실험에 실험을 거듭한 결과 ==전파==를 이용해 신호를 주고받을 수 있는 무선 전신기를 만들었어요. 이것이 무선 통신의 시작이었지요.

1973년 세계적인 통신회사였던 모토로라의 연구자 마틴 쿠퍼는 세계 최초의 휴대 전화인 ==다이나택==을 만드는 데 성공했어요. 이 다이나택은 무게 1.3kg, 길이 22.8cm, 두께가 12.7cm이나 되었고 10시간을 충전하면 겨우 30분을 통화할 수 있었어요.

==아날로그 방식의 통신 기술==이 ==디지털 통신 기술==로 바뀌면서 휴대 전화의 기능도 놀라운 속도로 향상되었어요.

사람의 목소리는 양을 측정할 수 있는 아날로그예요. 통화가 길어지고 단어가 많아질수록 소리의 양도 늘어나지요. 빠른 속도로 많은 양의 소리를 전달하려면 아날로그 신호를 디지털 신호로 바꾸어 주어야 해요. 사람의 음성이 1과 0으로 이루어진 수십만 개의 디지털 신호로 바뀌면 훨씬 빠르게 많은 양을 깨끗한 상태로 전달 할 수 있어요.

컴퓨터 작업과 인터넷을 휴대 전화에서도 할 수 있는 '==스마트폰=='이 전 세계적으로 널리 사용되기 시작했어요. 2009년에는 73만 명에 불과했던 국내 스마트폰 이용자는 2018년에 5천만 명을 돌파, 사실상 국민 1인당 1 스마트폰 시대가 도래했어요.

토론왕 되기!

악플 피해, 어떻게 막을 수 있을까?

인터넷은 많은 사람에게 열려 있기 때문에 손쉽게 원하는 정보를 얻을 수 있다. 옛날에는 특정 전문가만이 어떤 정보를 만들거나 소식을 전할 수 있었지만, 오늘날에는 누구나 새로운 정보를 만들고 공유할 수 있다. 다른 사람의 생각에 자신의 의견을 보태는 댓글 문화도 점차 두드러졌다. 게다가 글쓴이를 자신의 이름을 사용하지 않고 아이디나 별칭(흔히 닉네임)을 쓸 수 있어서 인터넷 이용의 자유로움은 한층 더해졌다. 하지만 이러한 자유로움은 때로는 다른 사람에게 독이 되었다. 편리함과 자유로움만을 강조하여 다른 사람에게 끼칠 불편함과 거부감을 생각하지 않는 일이 많아졌다. 게다가 일부러 남을 헐뜯는 사람도 등장했다. 특히 상대가 연예인이나 인기 스포츠 스타 등의 공인 국가·사회에 영향을 미치는 사람 일 때 그 피해는 심각하다.

인터넷 게시판과 SNS로 게재된 악성 댓글은 퍼져 나가는 속도가 매우 빠르고, 피해 속도는 이를 수습하는 속도를 뛰어넘는다. 2012년에 개최된 런던 올림픽에서 여자 양궁 2관왕을 차지하고 돌아온 기보배 선수는 환영 행사에서 악플에 시달렸던 경험을 털어놓았고, 우리나라 최초로 체조 올림픽 금메달을 딴 양학선 선수도 '가난을 이용해 돈 번다', '후원금 많이 받았으니 비닐하우스 털어 가겠다' 등의 악플에 시달렸다고 말했다. 상대방의 고통을 생각하지 않고 올린 악플로 많은 유명인이나 청소년이 자신의 생명을 버리는 일이 벌어졌고, 생활이 어려울 만큼 고통을

당하는 사례가 끊임없이 늘어났다.

하지만 2012년 8월경 헌법 재판소는 '인터넷 실명제가 헌법에 위배_{어기거나 지키지 않음}된다'는 결정을 내렸다. 인터넷 게시판 이용자에게는 표현의 자유가 있으며, 개인 정보를 공개할 것인지 말 것인지는 스스로 결정해야 한다는 이유에서였다. 그리고 인터넷 실명제를 실시하면 인터넷 게시판을 운영하는 서비스 제공자의 자유도 침해한다는 이유를 들었다. 헌법 재판소의 결정에 환영하는 사람도 있었지만, 악플로 고통받는 사람이 더 늘어날까 걱정하는 사람 또한 많다.

그럼 악플은 어떻게 막을 수 있을까? 최근 악플이 기승_{좀처럼 누그러들지 않는 기운이나 힘}을 부리는 가운데 '선플 달기(선한 댓글 달기)운동'이 펼쳐지고 있다. 이 운동에 참여하는 사람들은 인터넷 기사나 블로그 등을 읽은 뒤 악플을 논리적으로 비판하고, 그 피해자에게 용기와 희망을 주는 착한 댓글 달기를 실천한다. 그리고 거리 캠페인을 통해 시민에게 악플의 피해와 선플의 필요성을 홍보한다. 고등학생들이 초등학교를 찾아가 선플 교육을 하는 봉사 활동을 하기도 한다. 인터넷 실명제만이 정답이 될 수 없다면 다양한 해결 방법을 적극 찾아보는 것도 하나의 방법이다. 물론 다양한 기관과 많은 사람의 참여, 나라의 적극적인 지원 또한 함께 해야 할 것이다.

- 악플 : 악(惡)과 reply가 합쳐진 말로 일부러 남을 헐뜯거나 거짓 사실을 담고 있는 악성 댓글을 가리킨다.

OX퀴즈

은서네 반 아이들이 수업에 관해 이야기를 하고 있어요.
옳지 않은 말을 하고 있는 사람을 찾아 바르게 고쳐 주어요.

① 인터넷에서는 아무리 화가 난다고 해도 자신의 감정을 잘 다스릴 줄 알아야 해.

② 위험에 처한 다른 사람을 도와주거나 몰래 착한 일을 한 사람은 나라에서 찾아내어 상을 주어야 해!

③ 네티켓은 네트워크와 예절을 뜻하는 에티켓이 합쳐진 말로, 네트워크(인터넷)에서 지켜야 할 예절을 말해.

④ 인터넷 실명제를 실시해야만 악플을 막을 수 있어.

정답 ① ○ ② ×, 아무리 옳은 일이라 할지라도 유명해지고 싶거나 상을 받기 위해 착한 일을 찾아서 하는 것은 안 된다. ③ ○ ④ ×, 받기 어렵고 운영동 을 실시한다고 해도 악플은 계속되고 있다.

3장
나의 꿈은 최고 레벨 달성!

혹시 나도 게임 중독?

장 선생님은 나머지 한 명인 '득템왕'의 정체도 빨리 알고 싶었어요.

"고 형사님은 알고 있잖아요. 어서 말씀해 주세요."

고 형사는 잠시 장 선생님의 눈치를 살폈어요. 그러더니 어렵게 입을 열었지요.

"사실 그 아이도 선생님 반 학생입니다."

장 선생님은 몹시 당황하는 눈치를 보였어요. 악플러들이 모두 우리 반에 있었다니!

"서준수라는 학생이랍니다."

고 형사의 말에 장 선생님은 고개를 갸웃했어요.

"예? 준수요?"

준수는 특이한 행동을 자주 하긴 해도 공부를 하지 않거나 다른 아이들에게 피해를 주는 문제를 보이지는 않았거든요. 장 선생님은 준수를 생각하다가 갑자기 며칠 전 청소 시간에 있었던 일을 떠올렸어요. 빗자루가 검인 양 휙휙 휘두르던 준수는 악당이라도 물리치는 영웅처럼 소리쳤어요.

"이놈들! 한 명도 남김 없이 처치해 주마!"

요란한 기합 소리까지 넣으며 쓰레기를 공중에 띄우더니 빗자루로 찔러 넣듯이 쓰레기통에 넣는 모습에 교실은 한동안 웃음바다가 되었지요. 그뿐만이 아니었어요. 언젠가 이런 대화도 나누었답니다.

"준수야, 용돈 받으면 어디에 쓰니?"

"신발이랑 장갑이나 옷 같은 거 필요하면 그때그때 사요."

장 선생님은 용돈으로 직접 자신에게 필요한 것을 사는 준수를 칭찬해 줬어요. 그런데 며칠이 지나도 준수는 새 신발을 신지도, 새 장갑을 끼고 오지도 않았어요. 장 선생님은 준수에게 다시 물어보았지요. 그런데 알고 보니 자기가 아끼는 게임 캐릭터에게 필요한 신발과 장갑 등의 장신구를 사주었다지 뭐예요!

그러고 보니 장래 희망 조사서에 준수가 썼던 단어도 문득 떠올랐어요.

"만렙이 뭐니?"

　장 선생님은 준수를 불러 놓고 물었어요. '만렙이 게임에서 최고의 레벨을 뜻하는 말'이라는 준수의 설명을 듣고는 어이없는 웃음을 터트리고 말았답니다. 장 선생님의 말을 듣고 있던 고 형사의 표정이 갑자기 진지해졌어요.

　"준수가 반 아이들과 좀 다르긴 하지만, 악성 댓글을 달 이유가 없는데……. 준수와 주미 사이는 어떤가요? 혹시 예전에 다툰 적이라도 있나요?"

　잠시 생각에 잠겼던 장 선생님이 고개를 끄덕였어요.

　"주미가 저더러 준수가 청소는 안 하고 자꾸 장난만 친다며 혼내 달라고 고자질한 적이 있어요. 그 사실을 알고부터 준수가 주미를 굉장히 싫어하는 것 같았어요."

　"그럼 그 이유 때문인 것 같습니다. 그래서 주로 주미에 관한 이야기가 나오면 악성 댓글을 많이 단 것 같군요."

"그럼 어떻게 하면 좋을까요?"

"일단 내일 준수를 좀 지켜보도록 하죠."

장 선생님과 고 형사는 교무실 밖을 나섰어요. 하지만 준수를 지켜보려 했던 장 선생님과 고 형사의 계획은 시작부터 위기에 놓였어요. 둘째 시간이 시작되었는데도 준수가 학교에 오지 않았거든요. 장 선생님은 급히 준수 어머니께 전화를 했고, 기막힌 사연을 들어야 했어요.

"준수가 밤 늦게까지 숙제를 하더니 잠을 제대로 못 잤나 봐요. 아침에 제가 간신히 깨워놓고 나왔는데……. 방금 전화해서 깨웠으니까 곧 학교에 갈 거예요. 선생님, 죄송해요."

회사에 다니는 준수 어머니는 몹시 난처한 목소리로 대답했어요. 장 선생님과 준수 어머니의 통화를 가만히 듣던 고 형사는 벌떡 일어났어요.

"출동! 준수네 집으로!"

난데없는 고함에 놀란 장 선생님을 향해 고 형사는 확신에 찬 목소리로 말했어요.

"준수는 숙제를 한 게 아니라 밤새 게임을 한 겁니다. 틀림없어요. 아마 또 게임을 하고 있을 걸요? 제가 녀석을 잡아 오겠습니다!"

고 형사는 교무실을 나섰어요. 하지만 고 형사가 곧장 준수네 집으로 간 건 아니었어요. 교실로 가서 준수네 집을 알고 있는 단짝 친구 철민이를 앞장세웠지요.

"철민아, 준수 잡으러 가자!"

딩동! 딩동!

벨을 눌렀지만, 준수네 집 문은 열리지 않았어요. 한참이 지나서나 준수는 현관문을 열었어요. 벌겋게 충혈된 무시무시한 눈으로 말이에요! 그 모습에 고 형사와 철민이는 깜짝 놀라 자빠질 뻔했어요.

방 안에서는 요란한 게임 소리가 나오고 있었어요.

"게, 게임은 방금 켠 거예요. 한 번만 하고 학교 가려고 했어요. 정말이에요."

혼이 날까 봐 긴장한 표정이었어요. 하지만 고 형사는 혼을 내기는커녕 냉큼 컴퓨터 앞에 앉았어요.

"히야! 이거 재미있는데?"

제법 능숙하게 게임을 하는 고 형사! 그 모습에 준수는 긴장했던 표정을 풀었지요.

"와! 고 형사님도 게임 잘하네. 완전 짱이다!"

철민이도 호기심이 생긴 듯 게임 화면을 흥미롭게 바라보았어요. 한참 게임에 열중했던 고 형사가 문득 철민이와 준수를 보았어요.

"너희, 게임 엄청나게 좋아하지? 게임이 왜 좋니?"

"재밌잖아요!"

두 아이는 합창하듯 소리쳤어요.

"신 나요! 나쁜 놈들을 때려눕힐 때 스트레스가 확 풀려요. 특히 보스를 이겼을 때!"

"엄청 강하잖아요! 마법도 부리고 여기저기 마음대로 이동할 수도 있고!"

고 형사는 빙그레 웃었어요.

"그런데 어른들은 왜 게임을 못 하게 하는 걸까? 혹시 그 이유를 생각해 봤니?"

고 형사의 질문에 준수가 입술을 한 뼘이나 되게 빼물었어요.

"공부를 안 해서 성적이 떨어질까 봐 그렇겠죠."

"설마 그 이유만 가지고 그럴까?"

고 형사는 고개를 저었어요. 그러더니 진지한 얼굴로 말했어요.

"게임을 하면 심장이 떨리고 흥분이 되지? 그때 뇌에서 '도파민'과 '아드레날린'이라는 물질을 만들어 내. 이 물질은 우리의 감정을 조절하고 표현하는 데 쓰인단다. 우리가 화를 내거나 즐거워서 웃거나 무서워서 움츠러들 때 이 물질이 활동하는 거지. 그런데 말이야. 게임을 자주하면 도파민과 아드레날린이 필요한 양보다 훨씬 많이 만들어져서 문제를 일으켜. 감정에 혼란이 생기고 공부할 때도 나쁜 영향을 준단다."

고 형사의 말에 철민이가 마른 침을 꼴깍 삼켰어요. '이번 중간고사를 망친 게 게임을 너무 많이 한 탓이 아닌가' 하는 생각이 든 거지요.

"또 게임을 오래 하다보면 현실과 가상 세계를 구별하지 못하고 결국 주변 친구들과 어울리는 것에 흥미를 잃을 수 있거든. 그뿐이겠니? 네 컴퓨터 앞에 놓인 과자를 봐라. 게임을 하면서 과자를 먹으면 건강에 얼마나 나쁘겠니?"

철민이는 볼록 튀어나온 자신의 아랫배를 흘깃 보고는 배에 한껏 힘을 주었어요. 하지만 준수는 당당히 소리쳤어요.

"만화나 영화를 보면서도 가슴이 두근두근 뛰고 흥분이 된다면 도레미인가 안드레인가 그런 이상한 이름의 물질이 만들어지지 않을까요?

꼭 게임만 나쁘다는 법이 어디있냐고요. 그리고 요새는 두뇌 개발에 도움이 되거나 공부에 도움이 되는 게임도 많이 나온다고요."

"크하핫, 너 생각보다 아주 많이 똑똑하구나?"

고 형사는 준수의 눈을 빤히 보며 말했어요.

"넌 친구들하고 노는 것보다 혼자 게임하는 게 더 좋지? 밤을 새면서까지 말이야."

준수는 아무 말도 하지 못했어요. 고 형사는 그 순간을 놓치지 않았어요.

"뭐든지 지나치면 몸을 해치는 법이란다. 그래서 우리나라는 게임 중독을 막기 위해 2011년 11월부터 공식적으로 셧다운 제도가 실시되었지. 만 16세 미만의 청소년이 게임을 할 땐 밤 12시부터 오전 6시까지 인터넷 게임의 일부 접속을 셧다운컴퓨터 시스템의 작동을 중지하는 일하는 제도야."

"사실은 저도 집에서 우리끼리 인터넷 셧다운을 하기로 엄마하고 약속했어요. 밤 9시 이후에는 인터넷 금지! 저도 이제 잠을 못 자는 일은 없을 거예요."

철민이가 비밀이라도 털어놓듯 말했어요. 하지만 준수는 여전히 불만스런 표정이었어요.

"전 셧다운 제도가 맘에 들지 않아요. 형사님은 프로게이머였던 한 중

학생 형이 국제 경기를 하던 중에 셧다운 제도 때문에 게임을 중단해야 했던 사건도 모르세요? 얼마나 화가 나던지! 그리고 게임을 하겠다고 맘만 먹으면 얼마든지 피할 방법은 있다고요. 형사님도 아시겠지만, 불법 게임 사이트가 얼마나 많은데요. 아마 밤에 게임을 못 하게 하면 그런 불법 사이트에서 할걸요?"

"아하, 그럼 넌 불법 사이트에서 밤새도록 게임을 한 것이로구나!"

순간 준수는 얼굴이 빨갛게 변했어요. 겁에 질린 듯 안절부절 하지 못했지요. 고 형사는 고릴라 웃음을 터트렸어요.

"크하핫, 놀라지 말거라. 나는 널 경찰서로 잡아가려는 게 아니라 학교에 데려가기 위해 온 거니까. 그래, 네 말처럼 억지로 막는다면 부작용이 충분히 일어날 수 있지. 그래서 두 입장이 충분한 대화를 나누며 해결해야 할 문제야."

고개를 끄덕이던 고 형사는 시계를 봤어요. 시간을 확인한 고 형사는 화들짝 놀란 표정이 되었어요.

"어라? 벌써 시간이 이렇게 됐네."

철민이와 준수도 당황한 표정이었지요. 고 형사는 고릴라처럼 고함을 질렀어요.

"이러고 있을 시간이 없어! 어서 책가방부터 챙겨! 학교로 출동!"

고 형사의 검색 기록

게임 중독을 조심해! ▼ 검색

게임에 중독이 되면 게임에 지나치게 집착하게 되고 게임을 하는 시간을 조절하지 못하게 돼. 그리고 게임을 하지 못할 때에는 자신도 모르게 불안하고 초조해 지지. 이런 증상은 3단계를 거치며 일어난단다.

1단계 좋아하는 게임을 자꾸 접속한다!
→ 관심 있는 게임이나 사이트를 찾아가는 과정
2단계 게임 하면서 승리하는 일에 집착한다.
→ 게임을 통해 현실에선 찾을 수 없는 즐거움을 찾는 단계
3단계 매일매일 게임 하며 게임을 하는 순간에 큰 행복을 느낀다.
→ 심각한 중독 단계

그럼 어떻게 게임 중독에서 빠져나올 수 있을까? 전문가들은 다음과 같은 방법을 권하고 있어. 같이 한번 실천해 보는 게 어때?

첫째, 게임은 일주일에 하루만 정해서 한다.
둘째, 게임은 혼자 하지 않고, 가족과 함께 한다.
셋째, 컴퓨터는 거실에 두고 사용한다.
넷째, 게임을 하고 싶을 땐, 밖에 나가서 친구와 운동을 하거나 뛰어논다. 또는 책을 본다.

나의 꿈은 최고 레벨 달성!

 게임 밖으로 나온 영웅

　준수가 교실로 막 들어서자 마침 종소리가 요란하게 울렸어요. 셋째 시간에 맞춰서 들어온 것이 다행이었지요. 장 선생님은 늦게 도착한 준수를 야단치지 않았어요. 아무 일도 없었다는 듯이 묵묵히 수업을 했지요. 수업이 끝나자 장 선생님은 준수를 향해 손짓을 했어요.

　"준수야, 잠깐 교무실로 오렴. 선생님이 부탁할 게 있단다."

　교무실로 온 준수는 주눅이 잔뜩 든 표정을 지었어요. 게임에 빠져 지각을 했다는 사실을 선생님이 알고 있다는 생각이 들었기 때문이었어요.

　'엄청 화를 내시겠지?'

　하지만 장 선생님은 게임이나 지각이란 말은 한마디도 하지 않았어요. 대신 엉뚱한 말을 했어요.

　"준수야, 너 이번 장기 자랑 대회에 참가해 보자."

　준수는 멍한 표정을 지었어요. 된통 혼이 날 거라 생각했는데, 난데없이 장기 자랑 대회에 참가하라니?

　"네? 전 잘하는 게 없는데요? 춤도 못 추고, 노래도 못 하고……."

　"왜 없어? 너 게임 잘하잖아. 엄청 좋아하기도 하고."

　"그거야 게임 속 이야기는 재미있고 게임을 하면 제가 주인공이 된 것처럼 신 나니까요."

"그럼 그 주인공들로 직접 이야기를 꾸미는 건 어때? 그래서 그걸로 연극을 하는 거야. 어때? 재밌겠지?"

장 선생님의 말에 준수는 잠시 어리둥절했어요. 매일 하는 게임이지만 그 주인공들로 연극을 꾸밀 생각은 꿈에도 해본 적이 없으니까요. 하지만 한편으론 참 재밌겠다는 생각도 들었어요.

"준수야, 너 게임 프로그래머가 되고 싶다고 한 적 있지? 게임 프로그래머라면 재밌는 이야기도 만들 줄 알아야 하잖아. 그러니까 이번 기회에 연극을 만들면서 친구들과 놀아 봐. 아마도 그게 컴퓨터 앞에서 게임을 하는 것보단 훨씬 더 네 꿈에 가까이 다가가는 방법이 될걸."

준수는 장 선생님의 말에 절로 고개가 끄덕여졌어요. 좋아하는 게임 주인공들을 이용해 이야기로 만들어서 연극을 한다면 정말 멋질 거란 생각이 들었거든요.

"좋아요, 선생님. 당장 이야기를 만들어 볼게요."

"그래. 선생님도 도와줄게. 멋진 이야기를 만들어 보자."

다음날 4학년 2반은 아침부터 시끌벅적했어요. 준수가 '전설의 무사'라는 이야기를 만들어서 연극을 한다는 소문이 학교 안에 쫘악 퍼졌거든요. 멋진 남자 주인공이 동료를 모아 적을 해치우고 나라를 지키는 판타지 사극이라나요.

"나도 연극 할래. 역할 하나만 줘."

"나도! 나도!"

연극을 하겠다며 나서는 아이들이 열 명이나 되었어요.

"에이, 그럼 역할 두 개를 더 만들어야겠다. 등장인물이 여덟 명밖에 없잖아. 어떤 역할을 더 넣지?"

준수는 심각한 고민에 빠졌지요. 그래도 준수는 신이 났어요. 친구들과 왁자지껄 노는 것이 혼자서 게임을 하는 것보단 천 배, 만 배는 더 재밌으니까요.

고 형사의 검색 기록

모바일 게임, 단순하다고 무시하지 마! 　검색

예전에는 모바일 게임, 비디오 게임, PC 게임의 구분이 명확했어. 각각이 가지고 있는 특징이 너무 강해 서로의 영역을 넘보기가 어려웠지. 하지만 인터넷이 생겨나고 온라인 게임과 스마트폰 게임이 인기를 끌면서 서로의 영역을 구분하는 것은 의미가 없게 되었어. PC방이나 집에 있는 컴퓨터 앞에서 즐기던 게임을 이제는 휴대 전화와 거실 TV 앞에서도 느낄 수 있게 되었거든. 더 나아가 처음에는 스마트폰 사용자를 위해서 만들어진 게임이 PC게임으로 다시 개발되어 팔리기도 해. 언제 어디서나 어떤 기계를 가지고도 좋아하는 게임을 즐길 수 있게 된 셈이지.

전 세계인의 사랑을 받았던 대표적인 모바일 게임인 '앵그리 버드'는 '새들이 도둑맞은 알을 찾기 위해 장애물을 부순다'는 단순한 이야기를 담고 있지만 스마트폰에서 출발해 PC게임과 애니메이션으로도 만들어졌어. 2012년 앵그리 버드 이용자들의 게임 시간은 매일 3억 분이 넘었고, 매월 100만 장 이상의 캐릭터 티셔츠가 판매되었다고 해. 이제 모바일 게임은 단순한 게임이 아닌 어마어마하게 큰 문화 사업이 된 거야.

숫자로 보는 인터넷

인터넷이 없는 세상을 상상할 수 있나요? 인터넷은 현대인의 생활 습관을 바꾸고 있어요.
사람들은 인터넷을 통해 뉴스를 보고 친구와 대화하고 다양한 정보를 구하지요.
우리 생활 속 인터넷의 모습을 숫자를 통해 알아볼까요?

총 인구 **7,800,000,000**명   인터넷 이용자 **4,700,000,000**명

실시간세계통계(2020년 10월 기준)

대륙별 인터넷 사용 인구
인터넷세계통계(2020년 3월 기준)

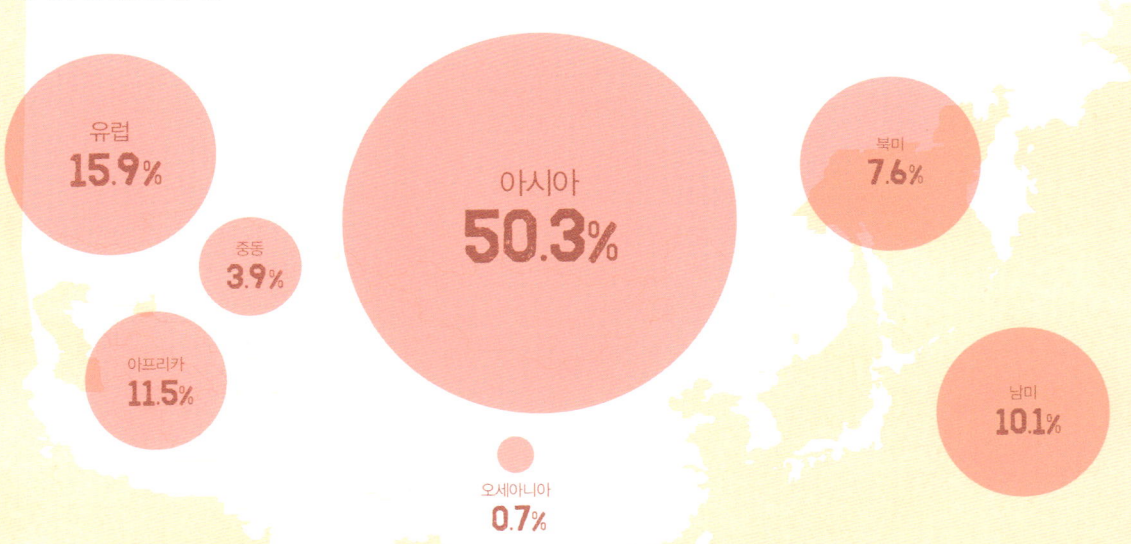

- 유럽 15.9%
- 중동 3.9%
- 아프리카 11.5%
- 아시아 50.3%
- 오세아니아 0.7%
- 북미 7.6%
- 남미 10.1%

인터넷 사용 언어 TOP10
스태티스타(2020년 1월 기준)

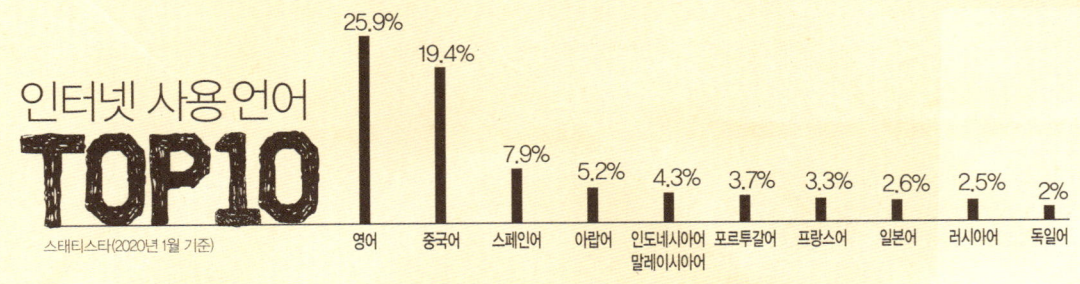

영어	중국어	스페인어	아랍어	인도네시아어 말레이시아어	포르투갈어	프랑스어	일본어	러시아어	독일어
25.9%	19.4%	7.9%	5.2%	4.3%	3.7%	3.3%	2.6%	2.5%	2%

콘텐츠별 인터넷 사용 시간 비율
콤스코어(2016년 기준)

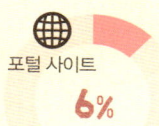

- SNS **19%**
- 멀티미디어 **12%**
- 포털 사이트 **6%**

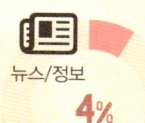

- 온라인 게임 **5%**
- 쇼핑 **5%**
- 뉴스/정보 **4%**

우리나라는 인터넷 사용자가 전체 인구의 90%가 넘어!

우리나라 인터넷 이용시간
인터넷진흥원(2018년 기준, 2만 5000 가구 대상)

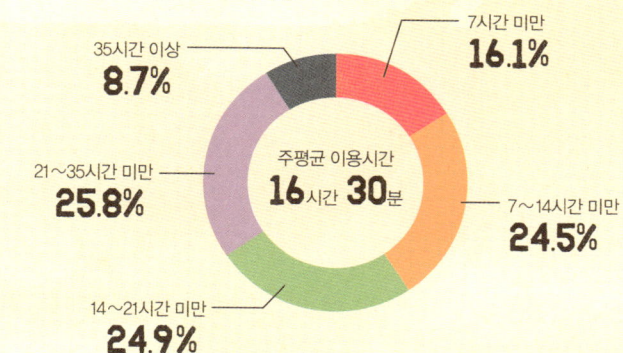

주평균 이용시간 **16시간 30분**
- 7시간 미만 **16.1%**
- 7~14시간 미만 **24.5%**
- 14~21시간 미만 **24.9%**
- 21~35시간 미만 **25.8%**
- 35시간 이상 **8.7%**

스마트폰으로 인터넷을 이용한 시간
한국인터넷진흥원(2018년 기준, 2만 5000 가구 대상)

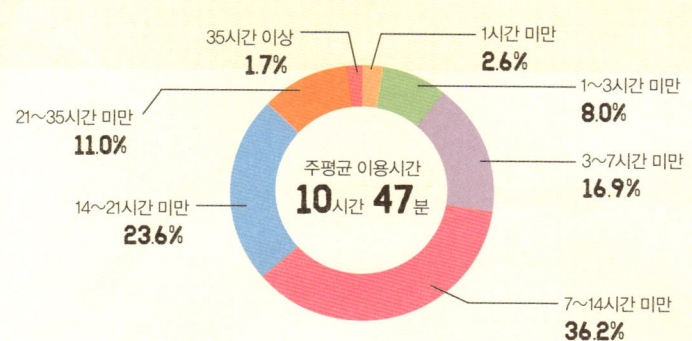

주평균 이용시간 **10시간 47분**
- 1시간 미만 **2.6%**
- 1~3시간 미만 **8.0%**
- 3~7시간 미만 **16.9%**
- 7~14시간 미만 **36.2%**
- 14~21시간 미만 **23.6%**
- 21~35시간 미만 **11.0%**
- 35시간 이상 **1.7%**

연령별 인터넷 중독률 현황 (단위:%)
한국정보화진흥원(2018년 기준, 1만 가구 대상)

	10대	20대	30대	40대
	29.3	24	18.1	16.2
잠재적 위험	25.7	20.6	15.4	13.8
고위험	3.6	3.4	2.7	2.4

연령별 스마트폰 중독률 현황 (단위:%)
한국정보화진흥원(2019년 기준, 1만 가구 대상)

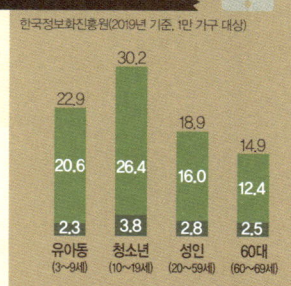

	유아동 (3~9세)	청소년 (10~19세)	성인 (20~59세)	60대 (60~69세)
	22.9	30.2	18.9	14.9
잠재적 위험	20.6	26.4	16.0	12.4
고위험	2.3	3.8	2.8	2.5

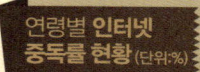

토론왕 되기!

인터넷 사용 시간을 제한해도 될까?

우리나라에선 2011년 11월 20일부터 공식적으로 셧다운 제도가 실시되었다. 그런데 인터넷 셧다운 제도는 실시하기도 전에 찬성과 반대 의견이 팽팽하게 나뉘어 대립하였고, 제도가 시작된 후에도 논란이 계속되고 있다.

인터넷 셧다운 제도를 찬성하는 사람들은 '청소년 대부분이 온라인 게임 중독에 빠져 매우 심각하며 그냥 두고 볼 수 없다'고 생각한다. 게다가 게임 중독은 단지 게임에만 집중하는 것으로 끝나지 않는다. 현실과 가상의 세계를 헷갈리는 모습을 보이고, 심각한 범죄를 일으킬 수도 있다. 현재 청소년의 게임 중독은 위험 수준까지 왔고, 게임 중독 증상을 보이는 청소년은 스스로 문제를 해결할 능력이 없는 상태이다. 그래서 청소년을 보호하기 위해서라도 다소 강제적인 방법으로 청소년이 게임을 하는 것을 제한하려고 한다.

반면, 셧다운 제도를 반대하는 사람들은 어떤 말을 할까? 반대하는 사람들은 청소년들에게 강제적으로 인터넷 사용을 막으면 더 큰 부작용을 가져올 것이라고 경고한다. 자신이 원하는 시간에 게임을 할 수 없게 된 청소년들이 합법(법에 맞음) 게임 사이트를 버리고, 불법 게임 사이트에 접속할 수 있기 때문이다. 실제로 셧다운 제도가 실시된 이후에 불법으로 복제된 게임이 크게 퍼져 나갔다고 한다. 이것을 그대로 내버려 두면, 합법 온라인 게임은 점점 인기가 떨어져 게임 산업은 위기가 올 것이다.

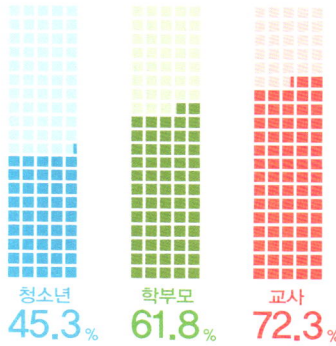
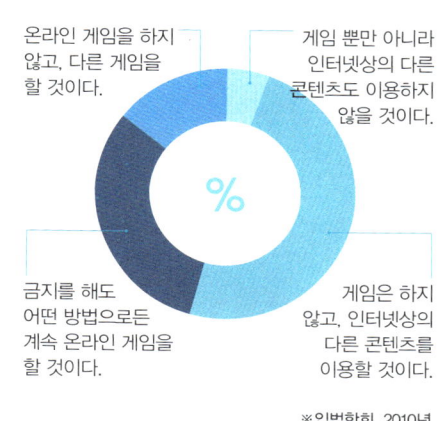

그리고 셧다운 제도가 개인의 자유를 크게 침해하는 것이라는 주장도 있다.

청소년들을 게임 중독으로부터 보호해야 한다는 점은 찬반 입장에 있는 모두가 동의하고 있다. 하지만 정부나 여러 사회 단체는 '청소년들의 인터넷과 게임 중독'을 막을 확실한 해결책을 내어 놓지 못하고 있다. 청소년 스스로가 인터넷 시간을 조절하고, 중독이 아닌 단순히 '즐기는'데서만 끝날 수 있도록 가정, 학교, 여러 기관에서 다양한 프로그램을 통해 끊임없이 예방과 치료에 힘써야 할 것이다.

게임 중독 벗어나기!

준수는 게임 중독에서 벗어나기 위해 노력하기로 결심했어요. 그래서 고 형사님이 알려준 방법들을 써 보기로 했지요. 그런데 준수가 잘못 알고 있는 내용이 하나 있네요. 어느 것일까요?

❶ 게임은 일주일에 하루만 정해서 해야지!

❷ 게임은 혼자서 하고 빨리 끝내야지.

❸ 게임을 하고 싶을 땐 밖에 나가서 철민이랑 축구를 해야겠어!

❹ 컴퓨터를 거실로 옮겨야겠어.

❺ 불법 게임 사이트에는 접속하지 말아야지.

정답
❷ 게임은 친구나 가족과 함께 하는 것이 좋아요.

공짜면 다 좋아?

불법 다운로드는 안 돼!

"그게 아니고, 이렇게 추는 거라니까!"

"입으로 가사를 외우면서 해야지. 다시 해 보자!"

이미 종례를 마친 뒤인데도 4학년 2반 교실은 시끌시끌했어요. 며칠 앞으로 바싹 다가온 장기 자랑 대회를 준비하는 연습이 한창이거든요. 은서는 친구 두 명과 함께 팀을 만들었어요. 은서네 팀의 막강 라이벌은 바로 주미네 팀! 두 팀은 1분 1초라도 상대 팀보다 더 연습을 하려고 두 눈에 불을 켰답니다.

"이제 음악에 맞춰서 연습해 보자."

"잠시만 기다려 봐. 내가 음악을 다운로드 받아 왔어."

"우아, 어디서?"

"받을 데야 많아. 음악은 잘 찾아보면 다 무료로 받을 수 있다니깐! 히히. 소녀세대 앨범도 모두 다 다운 받아 놨지!"

"우아, 나도 좀 보내 줘."

연극 연습을 하는 준수네 팀도 마찬가지였어요.

"소품은 어떻게 하지? 가면이랑 복장이랑, 분장도 어떻게 준비해야 할지 모르겠어."

"걱정하지 마. 내가 인터넷 찾아보니까 어린이 연극단 공연을 찍은 동영상이 많더라고. 내가 몇 개 찾아놨는데 도움될 만한 게 많더라."

"와, 그런 동영상이 어디에 있어?"

"검색하면 다 나와. 관객들이 몰래몰래 찍은 거라 화질이 좀 떨어지지만."

"일단 검색해 봐."

준수의 말은 사실이었어요. 유명한 공연들이 여기저기에서 검색되었거든요. 아이들이 한창 춤 연습과 연극 연습에 빠져드는 참이었어요.

"이 녀석들! 당장 끄지 못해!"

어디선가 날벼락 같은 소리가 들렸어요. 갑자기 교실에 등장한 고 형사였지요. 고 형사의 얼굴은 또다시 고릴라가 되었어요. 치켜 올라간 두 눈에 화가 나서 벌름거리는 콧구멍, 잔뜩 구겨진 입은 영락없는 고릴라지 뭐예요.

"왜 그러세요?"

놀란 아이들이 의아한 표정으로 고 형사를 보았어요. 고 형사는 아이들 곁으로 성큼성큼 다가오며 소리쳤어요.

"지금 은서와 주미가 노래와 음원을 다운 받은 곳은 불법 사이트야. 준수가 받은 공연 동영상도 불법 동영상이라고! 당장 끄도록 해!"

고 형사의 말에 아이들은 무척 놀랐어요. 불법인 줄은 알았지만 그렇게 화를 낼 일이 아니라는 생각이 들었거든요.

"다른 사람들도 다 이렇게 노래를 공짜로 받는다고요. 그런데 돈을 주고 사는 바보가 어디 있어요?"

"맞아요. 우리만 돈을 주고 사면 억울하잖아요!"

하지만 고 형사의 목소리는 단호했어요.

"잘 생각해 봐. 음악이란 것은 작곡가와 연주자 그리고 가수의 많은 노력이 합쳐진 결과물이야. 그리고 노력을 들인 만큼의 대가를 가격으로 정하고 CD나 MP3와 같은 형태로 판매를 하지. 그렇게 얻은 수입으로 생활하며 또 다시 새로운 노래를 만들 수 있는 거야. 그런데 사람들이 모두 돈을 내지 않고 몰래 음악 파일을 내려받는다고 생각해 봐. 게다가 공짜로 받은 음악 파일을 다른 친구들에게 보내어 함께 듣는다면 어떻게 되겠니?"

그제서야 아이들은 고 형사가 화를 내는 이유를 깨달았어요.

"그럼 다신 노래를 만들고 싶지 않을 거예요."

"맞아! 불법 다운로드는 많은 사람의 노력과 시간이 들어간 창작물에 대한 예의가 아니야. 알겠니?"

고 형사의 말에 이번에 준수가 고개를 갸웃거렸어요.

"우린 그냥 연극 한 장면을 누군가 찍어온 동영상으로 본 것뿐인데 그것도 잘못인가요?"

"물론이지. 연극의 한 장면을 몰래 촬영하는 것도 마찬가지야. 그날 연극에서 듣는 배경 음악, 배우들의 연기와 대사가 모두 무료 동영상으로 공개된다고 생각해 봐. 그들은 관객들이 공연장에 직접 와서 봐 주길 원하지 않겠니? 게다가 동영상으로 미리 연극을 접한 사람들은 연극에 대한 기대감이 낮아질 테고, 관객 수를 낮추는 데 영향을 미칠 수 있지. 종종 누군가 쓴 글이나 작곡한 노래 가사 등이 상품으로 만들어지기도 전에 인터넷에 유포 널리 퍼트림하는 일도 생기는데 이건 정말 엄청나게 나쁜 짓이란다. 창작물에서 저작권 보호는 아주 중요하거든."

고 형사의 설명을 듣고 이해한 은서가 말했어요.

"어떤 영화는 개봉도 하기 전에 동영상이 떠돌아서 큰 피해를 입었대요. 전에 뉴스에서 본 적도 있어요."

"그래. 요즘에는 그런 일이 자주 일어난단다. 가수들의 음악도 함께 불법으로 마구 떠돌지. 그러다 보면 영화 제작사들은 다시 영화를 만들 수 없고, 가수나 음반 회사들도 노래를 만들 수가 없게 돼. 그러다 보면 좋은 노래나 영화, 연극이 모두 사라지지 않겠니? 결국 그 피해는 불법을 저지른 사람들이 되돌려 받는 거야."

고 형사는 이야기를 계속 이어갔어요.

"사실 사람들이 아무렇지 않게 저지르는 불법 행동이 아주 많단다. 너희도 MP3 파일이나 영화, 드라마, 예능 프로그램 동영상을 복사해서 친구들에게 나눠준 적 있지?"

고 형사의 검색 기록

Copyright 2013, 고 형사 all rights reserved. ▼   검색

인터넷을 하다 보면 '저작권(copyright)'이라는 글자를 종종 볼 수 있어요. 저작권이란 소설, 음악, 미술, 연극, 영화 등과 같은 '저작물'에 관해 저작권자_{저작권을 가지고 있는 사람}가 가지는 권리를 말해요. 따라서 그 저작물을 다른 사람이 이용할 때는 반드시 저작권자의 허락을 받아야 하지요. 하지만 하나의 저작물이 평생 보호를 받는 것은 아닙니다. 나라마다 조금씩 차이가 있기는 하지만 보통 저작자가 사망한 후 50년까지 저작권의 보호를 받아요.

저작권 제도가 생긴 이유는 창작 활동을 장려_{적극적으로 하도록 북돋아 줌}하기 위해서예요. 즉, 창의성을 나타내기 위한 노력을 나라에서 법적으로 보호해 주는 것이지요. 좋은 저작물이 많이 나와야 그 나라의 문화 발전에 큰 힘이 되기 때문이에요.

저작권을 표시하는 방법에는 여러 가지가 있어요. 인터넷에서 흔하게 ⓒ, copyright, all right reserved, copyright reserved 등의 문구로 나타내지요. 이 외에도 블로그나 인터넷 게시글에서 CCL(Creative Commons License)라는 문구를 자주 볼 수 있는데 이는 출처를 바르게 나타내고 특정 조건을 제대로 지킨다면 자유롭게 사용해도 좋다는 의미예요.

저작권자에게 대가를 지급해야 이용할 수 있다는 의미의 기호.

모든 사람이 사용할 수 있는 공용 도메인(public domain)을 나타내는 기호.

"그것도 불법이에요?"

준수가 놀란 표정으로 대답했어요.

"물론이야. 돈을 주고 사야 하는 CD를 몰래 복사했으니까 불법이지. 어디 그뿐이니? 인터넷 게임이나 프로그램도 불법 복제를 많이 하잖아. 그런 일도 이젠 하면 안 돼! 알았지?"

아이들은 당황한 눈치였어요. 아무렇지도 않게 했던 일들이 불법이라는 사실에 놀란 거지요.

"이젠 그런 일 하지 않을 거지?"

"예!"

아이들은 힘차게 대답을 했어요.

하지만 단 한 사람, 주미는 여전히 표정이 좋지 않았어요. 불만이 가득한 얼굴이었지요.

'쳇! 공짜로 노래를 다운 받는 게 왜 나빠? 뭐 나만 그렇게 하나? 다들 그렇게 하는데…….'

불법 다운로드 파일을 내려받는 일를 하지 말라는 고 형사의 충고가 불만스러웠던 거예요. 주미는 혼잣말로 중얼거렸어요.

"혼자 몰래 받으면 되지 뭐. 그럼 고 형사님도 모를 거야."

 내 그림을 베끼지 마!

다음날이었어요. 점심시간인데도 교실 안은 북적였어요.

"은서야, 장기 대회에 쓸 응원 플래카드 만들자!"

은서네 팀 아이들이 플래카드를 만들자 다른 팀도 끼어들기 시작했어요.

"주미야, 우리도 하자."

"우리도 질 수 없잖아. 준수야, 우리도 만들자."

주미네 팀과 준수네 연극팀도 플래카드를 만들려고 했어요.

"나비가 춤을 추는 모습을 그려 보는 것 어때?"

"그건 너무 힘이 없어 보여. 뭐 좋은 아이디어 없을까?"

은서네 팀은 그림을 두고 고민이 이만저만 아니었어요. 하지만 주미네 팀은 척척 진행되는 눈치였어요. 주미는 반에서도 그림을 잘 그리기로 소문이 나 있으니까요.

"우리 모습을 아이돌 스타로 만드는 거야."

"어떻게?"

"잡지에서 연예인 전신사진을 오려서 얼굴만 우리 얼굴로 바꾸어서 붙이는 거야."

"히야! 그거 재밌겠다!"

"다들 집에서 사진 가지고 와. 알았지?"

주미가 내놓은 아이디어에 맞추어 이미 플래카드에 들어갈 그림이 거의 완성되고 있었어요. 그러자 은서네 팀 아이들은 초조해졌지요. 은서네 팀의 구성원인 혜영이는 주미네 그림을 몰래 보고 오기로 했어요.

'주미네는 어떤 그림일까?'

슬쩍 그림을 훔쳐본 혜영이는 제 팀의 플래카드를 주미네와 같은 방법으로 꾸미기 시작했어요.

"우리가 모두 아이돌 스타가 되는 거야. 멋지지?"

마치 제 생각인 것처럼 시침을 뚝 떼고서 말이에요. 어쩌다 은서네 팀 플래카드를 본 주미는 화들짝 놀랐답니다.

"야! 우리 걸 베끼면 어떡해?"

주미가 꽥 소리를 쳤어요. 그제야 은서네 팀 아이들은 자신들이 만든 플래카드가 주미네 플래카드를 베낀 것이란 사실을 알았어요. 이미 끝낸 주미네 플래카드가 은서네 그림과 거의 똑같았거든요.

"혜영아, 주미네 걸 베껴온 거야? 그럼 안 되지!"

은서는 당황해서 얼굴까지 빨갛게 변했어요. 하지만 혜영이는 당당했어요.

"좀 따라 그리면 어때서?"

혜영이의 태도에 주미는 더욱 화가 났어요.

"이 도둑놈!"

주미는 냅다 소리쳤어요. 도둑이란 말에 혜영이는 화가 났지요.

"뭐, 도둑이라고? 내가 왜 도둑이야?"

"이건 우리 아이디어라고! 우리 걸 따라 만들었으니까 도둑이지!"

한참 씩씩대며 소리치던 주미가 순간 주춤해졌어요. 혜영이에게 마구 소리치다 보니 문득 어제 들은 고 형사의 말이 떠올랐거든요.

> 작곡가들이 노래를 만들고 가수들이 불러서 열심히 만든 음반과 음원으로 대가를 얻잖아. 사람들은 가수와 작곡가들이 음반이나 음원을 만든 노력과 창작물을 인정하고 대가를 줘야 하지. 이러한 대가를 얻은 작곡가는 더욱 신 나서 곡을 쓸 테고, 가수들은 목청껏 노래를 부르겠지. 생활하는데도 부족함이 없을 테고. 그런데 사람들이 돈을 내지 않고 가수들의 노래를 듣는다면 어떻게 되겠니?

자신이 인터넷에서 노래를 불법으로 내려받는 일이 혜영이가 지금 한 일과 같을지도 모른다는 생각이 든 거예요. 이런 생각이 들자 주미는 고개를 푹 떨구었어요. 그리고 마음속으로 굳게 다짐을 했답니다.

'다신 불법으로 다운 받지 않아야지! 절대로!'

고 형사의 검색 기록

우리 모두 굿 다운로더! ▼ | 검색

여러 사람이 함께 이용하는 파일 공유 사이트나 개인 대 개인끼리 파일을 주고받는 P2P 서비스 등이 개발되자 다운로드_{파일을 내려받는 일}와 업로드_{파일을 웹 사이트로 보내는 일}를 통해 파일을 주고받는 일이 굉장히 많아졌어요.

그런데 파일 전송 서비스를 이용하면서 아무렇지 않게 음악이나 영화 파일을 불법으로 업로드하거나 다운로드 하는 사람이 많아졌어요. 파일 다운로드가 마우스 클릭 몇 번으로 간단히 이루어지기 때문에 이것이 불법이라는 것을 미처 느끼지 못하는 예가 많아요.

하지만 불법 다운로드는 저작권법과 창작자들의 노력을 무시하는 행동이에요. 불법 다운로드를 하는 사람들이 많아질수록 수준 높은 영화나 음악을 접할 기회가 점차 줄어들 수밖에 없어요. 그리고 정상적이지 않은 방법으로 파일을 다운로드 받다 보면 컴퓨터 바이러스 피해를 보거나 개인 정보가 밖으로 새어 나가는 등의 피해도 생겨요.

이러한 피해에서 벗어나려면 합법적인 파일 제공 사이트를 이용하는 것이 좋아요. 돈을 내야 하지만, 떳떳할 수 있고 불법 다운로드보다 안정적인 서비스를 받을 수 있어요. 최근에는 법을 위반하지 않는 방법으로 파일 이용을 권장하는 이른바 '굿 다운로더' 운동도 활발히 진행되고 있어요.

2018년 불법복제에 따른 분야별 피해액

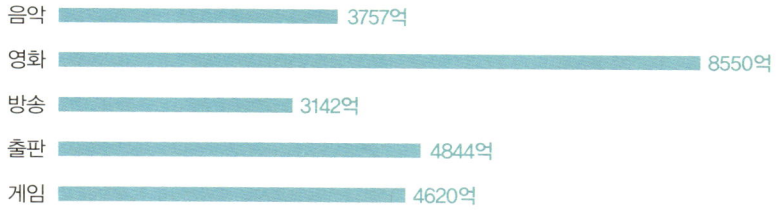

공짜면 다 좋아?

나도 혹시 게임중독일까?

게임이 너무 재미있는데……. 혹시 나도 게임 중독인 것은 아닐까? 혹시 가족이나 친구가 게임 중독이 아닐까? 정말 게임에 중독된 것인지 아닌지 간단한 진단표를 통해 알아보아요. 그렇지 않다면 1점, 정말 그렇다고 생각한다면 5점으로 점수를 매기면 됩니다. 한번 체크해 볼까요?

점수	1	2	3	4	5
❶ 처음 계획보다 더 오래 게임을 한다.					
❷ 게임 때문에 다른 일을 소홀히 한다.					
❸ 친한 친구와 노는 것보다 게임을 하는 것이 좋다.					
❹ 게임을 통해 새로운 사람을 많이 사귄다.					
❺ 게임으로 많은 시간을 보내는 것에 대해 주변 사람들이 불평한다.					
❻ 게임 때문에 성적이 떨어진다.					
❼ 공부나 다른 일을 하기 전에 먼저 컴퓨터를 켠다.					
❽ 게임 때문에 공부에 집중이 안 된다.					
❾ 다른 사람이 게임으로 무엇을 하느냐고 물을 때 사실을 숨긴다.					
❿ 골치 아픈 일을 잊기 위해 게임을 한다.					
⓫ 다시 게임하기를 기대하는 자신을 발견한다.					

⑫ 게임이 없다면 생활이 지루하고 허전하며 기쁘지 않을 것 같다.

⑬ 게임을 하는데 다른 사람이 방해하면 소리를 지르거나 화를 낸다.

⑭ 게임을 하느라 밤늦게 잠이 든다.

⑮ 게임을 하지 않을 때에도 게임 생각에 빠져 있거나 게임에 접속하는 것을 상상한다.

⑯ 게임을 할 때 '조금만 더 하고 그만둬야지'라고 생각하면서 계속한다.

⑰ 게임 시간을 줄이려고 노력하지만 잘 안 된다.

⑱ 다른 사람에게 내가 게임을 얼마나 오래하는지 숨기려고 한다.

⑲ 남들과 밖에서 노는 것보다 게임으로 보내는 시간이 훨씬 많다.

⑳ 게임을 하지 않을 때는 기분이 우울하거나 예민해지다가도 게임을 하면 금새 그런 기분이 사라진다.

결과

20~49점
정상적으로 게임을 하고 있어요.

50~79점
자칫 잘못하면 게임에 중독될 수 있어요. 매우 조심해야 해요.

90점 이상
이미 게임에 중독되었어요. 치료가 필요합니다.

게임에 중독되지 않으려면

- 매일 조금씩 하기보다는 일주일에 한 번 시간을 정해놓고 하는 것이 좋아요.
- 게임을 할때는 혼자서 하기보다는 친구나 가족과 함께하세요.
- 게임을 하게 되는 시간에 친구들과 어울려 놀거나 운동을 해 보세요.
- 컴퓨터를 거실과 같은 온 가족이 볼 수 있는 곳으로 옮기세요.
- 게임을 해서 얻는 것과 잃는 것에 대해 적어 비교해 보세요.
- 컴퓨터 앞에서 절대 음식을 먹지 않도록 하세요.

토론왕 되기!

누구를 위한 음원 가격일까?

이제 음악을 스마트폰으로 감상하는 것은 거의 일상이 되었다. 편리하긴 하지만 어두운 부분도 있다. 사용자들이 즐기는 음악 파일 중에 상당수가 불법적인 방법으로 다운로드 받은 것이기 때문이다. 왜 불법 다운로드가 쉽게 일어나는 것일까?

음원이란 스마트폰이나 컴퓨터 등에서 재생시킬 수 있는 음악 파일을 말한다. 음원은 한 번 다운로드를 받으면 컴퓨터와 컴퓨터 간에 이동이나 복사가 쉬워 불법 사이트에서 무료로 공유하기가 쉽다. 음악계는 음원의 불법 다운로드를 막고 음원의 정당한 이용료를 내기를 권장하면서 최근까지 음원 이용료 가격을 올리지 않았다. 이와 같은 노력으로 음원 이용료를 기꺼이 지급하면서 음악을 즐기는 사람도 상당히 늘어났다.

그런데 국내 음원 사이트가 음악 상품 가격을 2013년 1월 1일부터 올렸다. 멜론, 벅스, 올레뮤직, 엠넷 등 우리나라 온라인 음원 서비스 업체들은 한 달 스트리밍실시간 음악 재생 서비스 가격을 2배 정도 올렸다. 문화 체육 관광부는 음원 권리권자(작곡가, 작사가, 가수, 연주자, 제작사 등)의 권리와 이익을 높이기 위해서라고 설명했다.

하지만 음원 가격이 올라도 제작사에 비해 실제로 음악 창작자에게 돌아가는 몫은 늘어나지 않았다는 비판의 목소리가 높다. 2012년 문화 체육 관광부가 발표한 보고서를 살펴보면, 국내 온라인 음원 1곡 당 평균 저작권료는 다운로드일 경우 10.7원, 스트리밍은 0.2원이다. 가수나 연주자에게 돌아가는 금액은 5.4원, 제작사에 돌아가는 금액은 47.8원이다. 우리나라에서 가수 싸이의 '강남 스타일'에 대한 음원 이익은 1억이 채 되지 않는다(다운로드 수 360만 건). 반면 미국에서는 28억 원이 넘는다(다운로드 수 290만 건).

음악 사이트 이용자들도 음원 가격이 크게 오른 것에 불만을 가졌다. 문화 체육 관광부가 2012년 조사한 보고서에 의하면 최근 1년 이내에 유료 음원 구입이 있는 이용자 800명 중 약 60%의 이용자가 '비싸다(57.5%)', '매우 비싸다(3.4%)'라고 응답했다. 반면, '싸다(37%)' 또는 '매우 싸다(2.1%)'라고 응답한 이용자는 40%에 그쳤다. 갑작스럽게 오른 음원 가격에 소비자가 부담을 느끼고 불법 다운로드를 하게 될지도 모른다는 의견도 있다.

우리나라의 온라인 음원 정책에는 모두에게 책임이 있다. 문화 체육 관광부의 첫 목표는 좋았지만, 무엇보다 소비자와 창작자를 배려하는 정책을 내놓았다면 어땠을까? 음원 제작사 그리고 서비스 업체 역시 자신만의 이익을 바랄 것이 아니라 우리나라 음악 산업의 발전을 우선 고려했다면 어땠을까? 음원 저작권자도 소비자가 부담을 느끼지 않도록 가격을 합의하고, 소비자도 창작자의 노력과 수고를 인정한다면 온라인 음원 가격에 대한 다툼과 불법 다운로드가 조금은 잦아들지 않을까?

단어 찾기

고 형사가 퍼즐 속에 어떤 단어들을 숨겨 놓았어요. 보기를 읽고 함께 찾아보아요.

보기
1. 자신의 작품에 대해 가지는 권리
2. 파일을 사이트에서 내려받는 행위
3. 실시간 음악 서비스
4. 파일을 사이트에 올리는 사람
5. 스마트폰이나 컴퓨터 등에서 재생시킬 수 있는 음악 파일

스	트	리	밍	장
인	스	가	다	려
저	넷	수	운	굿
터	작	업	로	더
배	가	권	드	말
음	원	마	트	폰

정답 ❶ 저작권 ❷ 다운로드 ❸ 스트리밍 ❹ 업로더 ❺ 음원

5장
진정한 스타가 될 거야! ▼

인터넷 밖으로 고고!

 드디어 동아초등학교 장기 대회가 열렸어요. 아침부터 학교 운동장은 학생들로 북적였어요. 특히 4학년 2반 아이들은 몹시 들뜬 표정이었지요. 같은 반에서 3팀이나 대회에 참가했거든요. 4학년 2반 아이들의 응원 열기도 대단했어요.
 "은서 화이팅! 주미 화이팅!"
 "전설의 무사 1등 먹어라!"
 힘찬 응원 구호가 운동장을 울렸어요. 아이들이 직접 만든 플래카드도 운동장 가운데에서 신 나게 나부꼈지요. 그 모습을 지켜보는 장 선생님과 고 형사도 뿌듯한 눈치였어요.
 "고 형사님, 참 보기 좋죠? 매일 혼자서 컴퓨터나 스마트폰만 잡고 있던 아이들이 이렇게 함께 힘을 모으고 좋은 친구가 되었다는 것만으로도 의미가 큰 것 같아요."

장 선생님이 빙그레 미소를 지었어요. 고 형사도 고개를 끄덕였지요.

"맞아요! 이번 행사를 통해 우리 아이들도 몸소 많은 걸 깨닫겠지요. 혼자서 게임을 하는 것보다 친구들과 마구 뛰노는 게 더 재미있다는 사실을요."

대회가 시작되었어요. 첫 팀으로 주미와 세 명의 친구들이 준비한 멋진 춤 공연이 펼쳐졌어요. 아이들은 춤을 따라 추며 소리쳤지요. 은서 팀이 등장할 땐 아이들의 흥이 최고에 달했어요. 함성은 더욱 커졌어요. 평소에 은서를 조용하고 숫기가 없는 아이로 알고 있던 다른 반 선생님도 깜짝 놀라며 함께 응원했어요.

"은서 멋지다! 화이팅!"

마지막 팀은 준수의 '전설의 무사' 공연! 인터넷 속에서만 만나던 게임 주인공들이 무대 위에서 마구 튀어나왔어요. 아이들은 그것만으로도 신기하고 재미났지요. 특히 주인공 준수의 연기는 놀라웠어요. 동료를 하나둘 모아 동에 번쩍 서에 번쩍 나타나 악당들을 물리치고 나라를 지키는 열혈 무사 준수!

"우아! 완전히 연기 대상감인걸?"

준수 팀의 연극 공연은 동아초등학교에 연극 붐을 일으킬 정도였지요.

"컴퓨터 게임처럼 재미있는데?"

"나도 연극이나 해 볼까?"

그 때문에 장기 대회가 끝나자마자 동아초등학교에는 연극 동아리가

생겼어요. 물론 동아리의 회장은 당연히 준수가 되었지요.

　아참! 장기 대회에선 누가 상을 받았느냐고요? 대상은 준수 팀 '전설의 무사'가 받았답니다. 아이들의 호응이 가장 컸기 때문이지요. 은서 팀과 주미 팀도 공동으로 장려상을 받았어요. 4학년 2반이 거의 장기 대회를 휩쓸어버린 거지요!

장 려 상

팀명 : JMK
강주미 외 3명

역시나! 교내를 대표하는 춤 동아리 'JMK'는 더욱 발전된 실력과 단합력으로 많은 친구들의 기대를 저버리지 않았기에 이 상을 드립니다.

2019년 9월 21일

장 려 상

팀명 : 댄싱퀸
김은서 외 2명

한 번도 무대에서 보지 못했던 '댄싱퀸'의 숨겨진 재능에 놀라움과 감동의 눈물을 흘렸습니다. 'JMK'와 선의의 경쟁을 하면서 더욱 더 멋진 모습으로 거듭나길 바랍니다.

2019년 9월 21일
동아초등학교장 고주봉 (인)

대 상

팀명 : 전설의 무사
서준수 외 10명

게임 속 이야기를 친구들과 함께 즐길 수 있는 놀이 문화로 바꾼 창의력에 높은 점수를 드립니다. 다음 무대를 손꼽아 기대하겠습니다.

2019년 9월 21일
동아초등학교장 고주봉 (인)

 고 형사의 편지

장기 대회가 끝난 후 학교에도 작은 변화가 생겼어요. 장기 대회 카페가 동아초등학교 동아리 카페로 바뀌었거든요.

"이번 장기 대회를 통해 선생님들이 새로운 사실을 깨달았단다. 우리 학교에 특별한 재능을 지닌 인재들이 아주 많다는 사실이지. 그래서 학교 안에 동아리를 만들기로 했단다. 마음이 맞는 친구들끼리 동아리를 만들어 봐. 그리고 동아리 게시판에 등록하고 활동 모습을 글이나 사진, 동영상으로 올려 줘. 그럼 우리 모두가 함께 즐길 수 있잖아."

장 선생님이 발표하자마자 학교에는 많은 동아리가 생겨났어요. 준수의 연극 동아리를 시작으로 은서와 주미의 댄스 동아리, 종이접기 동아리, 체조 동아리, 봉사 동아리 등이 속속 만들어졌어요. 물론 동아리 담당은 장 선생님이었지요. 동아리 게시판마다 동아리들이 무슨 활동을 하고 있는지 사진과 동영상이 올라왔어요. 물론 그 글이나 동영상 아래엔 댓글들이 달렸어요.

ㄴ 이번 춤도 너무 멋져!

ㄴ 담엔 노래도 같이 불렀으면 좋겠어요.

물론 때로는 악성 댓글도 달리기도 했답니다.

- 🎃 이 정도는 눈 감고도 하겠다!!
- 🎃 저것도 연기라고! 완전 발연기!

하지만 이런 댓글들은 금세 사라졌답니다. 악성 댓글이 달릴 때면 바로 이런 댓글들이 줄줄 날아들었으니까요.

- 🍅 누구신가요? 여긴 실명제 게시판인데 이름을 밝혀주세요!
- 🍅 네티켓도 모르나요?
- 🍅 이런 글을 읽어야 하는 건 너무 슬퍼요 ㅠㅠ 우리 친구들의 수준이 아직 이 정도밖에 안 되나요?

여기엔 '고 형사의 수다' 코너가 아주 큰 역할을 했답니다. 카페 최고 인기 게시판이거든요. 그렇다고 고 형사가 여전히 학교에 남아서 일일 교사를 하는 건 아니랍니다. 대신 고 형사는 이 게시판에 매주 한 번씩 글을 올려요. 아이들에게 하고 싶은 말이나 인터넷과 관련된 정보를 함께 나누는 곳이지요. 이번 주 '고 형사의 수다'에는 이런 글이 올라왔답니다.

오늘도 어김없이 글을 남기러 왔지! | 고 형사의 수다   02.20 18:10

여러분 안녕!
요즘도 네티켓은 잘 지키고 있지?
게시판을 살펴보니, 악성 댓글이 하나도 없군. 짝짝짝! 박수!

여러분의 수준을 한층 더 업그레이드 시켜주기 위해 내가 방법을 하나 더 전수해 주지! 사진이나 동영상을 올릴 때 유의해야 할 점이야!

1. 불법으로 다운로드한 파일은 올리지 않는다.
2. 다른 사람이 기분이 나빠질 수 있는 사진이나 동영상은 올리지 않는다.
3. 자료를 올리기 전에 바이러스 체크를 한다.
4. 유익한 자료를 받았으면, 올린 사람에게 감사의 인사를 한다.
6. 자료를 올릴 때는 이름을 꼭 밝힌다.

안 지키면 어떻게 되냐고? 어떻게 되긴! 곧바로 나, 고 형사가 출동하게 되지. 날 보고 싶다고 일부러 나쁜 짓을 하는 친구들은 없겠지?
그래도 항상 긴장하는 게 좋을 거야. 짠! 하고 언제 나타날지 모르니까, 크하핫!

∧ 이전글 ∨ 다음글

토론왕 되기!

인터넷 용어를 어디까지 받아들여야 할까?

요즘 현대인들은 대부분 직접 만나지 않고, 스마트폰으로 대화를 한다. 그러다 보니 최대한 짧지만 많은 의미를 담는 단어를 찾게 된다. 문법에 어긋나도 '서로 말만 통하면 되지'라는 생각에 자꾸만 새로운 말들을 만들어낸다. 그러다보니 신조어 새로 생겨난 말이나 우리나라 말로 인정받은 외래어가 빠른 속도로 생겨나고 있다.

하지만 지나친 인터넷 용어의 사용은 오히려 대화에 방해가 될 수가 있다. 특히 인터넷 용어를 일상생활에도 쉽게 사용한다면 인터넷 용어에 익숙하지 않은 사람들과의 대화에 오해가 생길 수도 있고 우리말과 우

종류	설명	예
축약형	긴 단어를 짧은 단어로 줄인 용어	버카충(버스카드충전) 엘베(엘리베이터)
합성형	문법에는 맞지 않지만 두 말을 합쳐 만든 용어	아웃 오브 안중 (out of 안중)
외래어형	영어를 한글표기로 바꾼 용어	레알(real) 오바(over)
오타형	오타로 생겨났지만 의도적으로 사용하는 용어	뭠미(뭐임) 오나전(완전)

인터넷 용어의 4가지 종류

리글에 대한 소중함을 금세 잊어버릴지도 모른다.

하지만 신조어가 사전에 등재되는 경우도 있다. 미국의 경우 집에서 보내는(stay) 휴가(vacation)를 뜻하는 'staycation', 영상물(video)을 수록한 블로그(blog)를 뜻하는 'vlogs', 친구(friend)처럼 행동하지만 적(ememy)인 사람을 가리키는 frenemy 등의 신조어가 대표적 영어 사전인 메리엄웹스터의 대학생용 사전 최신판에 수록책이나 잡지에 실음되었다. 우리나라도 마찬가지이다. 까도남, 차도남, 어플, 앱……. 신조어이지만 공식 사전에 등재서적 또는 잡지 같은 데에 올려 적음되지 않은 용어들이 국립국어원이 펴낸 사전에 오를 예정이기 때문이다. 국립국어원 언어정보팀은 2012년 "신조어 4만~5만 개를 '개방형 한국어 지식 대사전'에 실을 예정"이라고 밝혔다.

그럼 인터넷으로 급격하게 늘어난 신조어를 어떻게 받아들여야 하는 걸까? 분명한 사실은 신조어가 어느 날 갑자기 우리에게 온 것이 아니라는 것이다. 옛날부터 신조어는 있었고 사람들은 별 탈 없이 받아들였지만 최근 인터넷의 발달로 그 수가 빠른 속도로 불어나게 되었고 그것들을 다 소화하지 못해 탈이 난 것이다. 대부분의 사람이 스마트폰을 사용하는 지금, 신조어가 생겨나는 것을 막을 수 없다. 우리 앞에 놓일 신조어가 우리말을 무시하고 파괴하는 말이 될 것인지, 아니면 앞으로 새로운 시대에 맞추어 널리 사용될 '우리말'될 것인지는 스스로 결정하여 언어 사용에 신중한 모습을 보이려 노력해야 할 것이다.

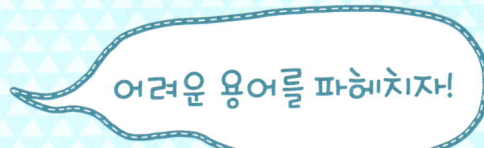

공유 두 사람 이상이 한 물건을 함께 가지거나 사용함

네티즌 인터넷 공간에서 활동하는 사람. 통신망을 뜻하는 '네트워크(network)'와 시민을 뜻하는 '시티즌(citizen)'을 합쳐진 말로 우리말로 '누리꾼'이라고 많이 쓴다.

네티켓 네트워크(network)와 예절을 뜻하는 에티켓(etiquette)이 합쳐진 말로, 네트워크(인터넷) 상에서 지켜야 할 예절을 말한다.

노출 드러나거나 드러냄

다운로드 인터넷에서 음악이나 문서 등의 파일 형태로 내려받는 일.

등재 서적 또는 잡지 같은 데에 올려 적음

선플 악플의 반대 개념으로 좋다는 뜻의 '선(善)'과 댓글을 뜻하는 'reply'가 합쳐진 말이다. 다른 사람이 올린 글을 좋게 평가해서 신사적인 태도로 올린 댓글을 말한다.

성행 크게 유행함

셧다운 컴퓨터 시스템의 작동을 중지하는 일

수록 책이나 잡지에 실음

스트리밍 실시간 음악 재생 서비스

신조어 새로 생겨난 말이나 우리나라 말로 인정받은 외래어

악플 나쁘다는 뜻의 '악(惡)'과 댓글을 뜻하는 'reply'가 합쳐진 말로 일부러 남을 헐뜯거나 거짓 사실을 담고 있는 악성 댓글을 가리킨다.

업로드 다운로드와는 반대로 파일을 웹 사이트로 보내는 일

에니악(ENIAC) 1946년 공학자 에커트와 모클리가 만든 최초의 컴퓨터. 길이가 30m, 높이가 2.4m, 너비가 0.9m에 이르고 무게가 30톤에 달했고 엄청난 양의 전기를 사용했다.

와이파이(Wi-Fi) Wireless Fidelity의 약자로 '근거리 무선 데이터 통신망' 즉, 무선 인터넷의 한 종류이다. 무선접속장치(AP, Access Point)가 설치된 곳을 중심으로 한 일정한 범위인 '와이파이존' 안에서는 스마트폰이나 노트북으로 무선인터넷을 즐길 수 있다.

유포 널리 퍼트림

위배 어기거나 지키지 않음

익명성 어떤 말이나 행동을 한 사람이 드러나지 않는 성질. 인터넷이 가지는 가장 큰 특징이다.

인수 물건이나 권리가 넘어옴

인터넷 밈 누군가의 말과 행동, 어떤 그림이나 동영상이 인터넷을 통해 많은 사람에게 매우 빠르게 퍼져 나가는 현상

장려 적극적으로 하도록 북돋아 줌

저작권 소설, 음악, 미술, 연극, 영화 등과 같은 '저작물'에 관해 저작권을 가지고 있는 저작권자의 권리를 말해요.

진공관 공기가 없는 상태 유리관에 여러 전기 신호를 보내는 도구

침해 상대방이 원하지 않는데 다가가 해를 끼침

합법 법에 맞음

SNS 소셜 네트워크 서비스(social network service)를 뜻하며 특정한 관심이나 활동을 함께하는 사람들 사이에 관계망을 만들어 주는 온라인 서비스를 말한다.

인터넷 관련 사이트

스마트쉼센터 www.iapc.or.kr
한국 정보화 진흥원에서 2002년 만든 국가 기관이에요. 이곳에서는 무료로 인터넷, 스마트폰, 온라인 게임의 중독 진단과 상담을 해주고 있어요. 중독 증세에 대한 상담을 해주고, 증세의 정도에 따라 여러 가지 치료 방법을 제공해 주지요. 뿐만 아니라 인터넷 생활 지침, 올바른 사용 방법 등의 예방 교육도 실시하고 있답니다.

경찰청 사이버안전국 www.cyber.go.kr
인터넷으로 일어나는 다양한 범죄를 수사하는 곳이에요. 사이버 범죄란 무엇인지, 어떤 방법으로 얼마나 많이 일어나고 있는지, 피해를 입지 않으려면 어떻게 해야 하는지 등 사이버 범죄를 예방할 수 있는 다양한 조언을 받을 수 있어요. 혹시 자신이 사이버 범죄에 피해를 입었다면 인터넷으로 신고할 수도 있어요.

학부모정보감시단 www.cyberparents.or.kr
학부모들이 인터넷에서 돌아다니는 해로운 정보로부터 청소년을 보호하기 위하여 세운 단체예요. 2005년에는 국가 청소년 위원회로부터 청소년 유해 환경 감시단 운영 기관으로 지정되었지요. '좋은 사이트 추천하기', '유해 정보 신고', '정보 통신 교육' 등의 코너를 통해 청소년이 건강하게 인터넷을 사용할 수 있도록 돕고 있어요.

신 나는 토론을 위한 맞춤 가이드

인터넷에 대한 이야기를 재미있게 읽었나요? 이제 인터넷 박사가 다 되었다고요? 그 전에 마지막 단계인 토론을 잊지 마세요. 토론을 잘하려면 올바른 지식과 다양한 정보가 바탕이 되어야 해요. 책을 다 읽고 친구 또는 엄마와 함께 신 나게 토론해 봐요!

잠깐! 토론과 토의는 뭐가 다르지?

토론과 토의는 모두 어떤 문제를 해결하기 위해 의견을 나누는 일입니다. 하지만 주제와 형식이 조금씩 달라요. 토의는 여러 사람의 다양한 의견을 한데 모아 협동하는 일이, 토론은 논리적인 근거로 상대방을 설득하는 일이 중요합니다. 토의는 누군가를 설득하거나 이겨야 하는 것이 아니기 때문에 서로 협력해서 생각의 폭을 넓히고 좋은 결정을 내릴 때 필요해요. 반면 토론은 한 문제를 놓고 찬성과 반대로 나뉘어 서로 대립하는 과정을 거치지요. 넓은 의미에서 토론은 토의까지 포함하는 경우가 많습니다. 토론과 토의 모두 논리적으로 생각 체계를 세우고, 사고력과 창의성을 높이는 데 도움을 준답니다.

토론의 올바른 자세

말하는 사람
1. 자신의 말이 잘 전달되도록 또박또박 말해요.
2. 바닥이나 책상을 보지 말고 앞을 보고 말해요.
3. 상대방이 자신의 주장과 달라도 존중해 주어요.
4. 주어진 시간에만 말을 해요.
5. 할 말을 미리 간단히 적어 두면 좋아요.

듣는 사람
1. 상대방에게 집중하면서 어떤 말을 하는지 열심히 들어요.
2. 비스듬히 앉지 말고 단정한 자세를 해요.
3. 상대방이 말하는 중간에 끼어들지 않아요.
4. 다른 사람과 떠들거나 딴짓을 하지 않아요.
5. 상대방의 말을 적으며 자기 생각과 비교해 봐요.

SNS가 뭐기에!

SNS는 온라인상에서 다양한 사람과 관계를 맺을 수 있는 서비스예요. SNS를 사용하면 친구들과 관계가 돈독해지거나 새로운 친구를 사귈 수도 있지요. 고 형사가 SNS에 관해 학생에게 질문을 하고 있어요. 알맞은 대답을 써 보아요.

SNS는 무슨 뜻이지?

대표적인 SNS에는 무엇이 있을까?

SNS가 우리 사회에서 점점 중요한 역할을 담당하고 있다던데……. 왜일까?

크허헛! 좋았어!

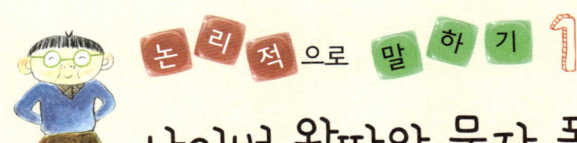

사이버 왕따와 문자 폭력

왕따와 학교 폭력은 옛날부터 있었던 사회 문제예요. 그런데 SNS가 널리 사용되면서 '사이버 왕따'나 '문자 폭력'이라는 새로운 문제가 생겨났어요. 다음 기사를 읽고 사이버 괴롭힘에 대해 생각해 보아요.

A양은 지난 여름 스마트폰의 소셜 네트워크 서비스(SNS)인 카카오스토리에 가입했다. 사진을 올리거나 간단한 글을 남기면 온라인 친구들이 댓글을 단다. '카토리' 또는 '카스'라고 한다. 이 서비스를 이용하려고 스마트폰을 장만하는 학생이 적지 않다.

문제는 가입한 뒤였다. 사이버 공간에서 왕따를 당했다. 같은 반 아이들에게 친구 신청을 했지만 대부분 거절당했다. A양에게 친구 신청을 하는 아이들도 없었다. A양이 멋진 사진을 올려도 댓글이 없었다.

초등학생 B군은 네이버에서 자기 학교 이름을 검색할 때마다 실망한다. 검색 화면에 '○○초등학교 6학년 4반'이라는 카페가 뜬다. 회원은 14명. 반에서 소위 잘나가는 학생끼리 모인 카페다. 가입 조건은 엄격하다. 성적이 좋아야 하고, 동네에서 괜찮다고 소문난 아파트에 살아야 한다. B군이 용기를 내어 가입신청을 했다. 회원인 여학생이 쪽지를 보냈다. '찌질이는 출입금지.'

정부가 16일 발표한 학교폭력 2차 실태조사를 보면 요즘 학생들은 온라인에서의 따돌림과 괴롭힘을 두려워한다. 8가지 학교폭력 유형 가운데 사이버 괴롭힘의 발생 빈도는 7.3%로 6번째에 그쳤다.

하지만 피해를 당한 아이들이 힘들었다고 꼽은 유형(복수 응답)에서는 집단 따돌림(75.2%)에 이어 사이버 괴롭힘이 65.0%로 2위다. 교과부 관계자는 "피해 학생이 주관적으로 느끼는 심각성은 따돌림과 사이버 폭력에서 특히 두드러진다"고 전했다.

동아일보 2012/11/17

1. 사이버 괴롭힘이란 무엇인가요?

2. 사이버 괴롭힘은 왕따나 학교 폭력과 어떻게 다른가요?

3. 사이버 괴롭힘은 어떻게 막을 수 있을까요?

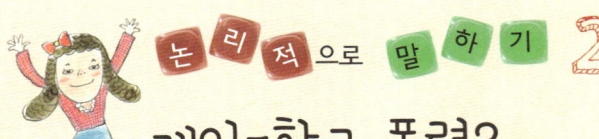

게임=학교 폭력?

많은 사람이 게임과 학교 폭력은 관련이 있다고 생각해요. 그런데 일반적으로 알려진 사실과는 달리, 서로 큰 관련이 없다는 주장을 하는 전문가들도 있답니다. 다음 기사를 읽고 게임과 학교 폭력과의 관계를 생각해 봅시다.

학계 의료계 교육계에서 정부의 지나친 게임 규제에 문제가 있다는 지적이 나왔다. 게임과 규제의 이유가 되는 폭력과의 직접적 연관성이 증명되지 않았다는 것이다.

게임문화재단의 주최로 서울 중구 한국프레스센터에서 열린 게임문화 심포지엄에서 전문가들은 "게임과 학교 폭력의 연관성을 단정할 수 없다"고 강조했다. 미국은 1950년부터 지금까지 게임 드라마 영화 만화 등 각종 미디어와 학교 폭력의 연관성을 연구했지만 어느 한 쪽이 옳다는 결론을 내리지 못했다는 것이다.

송종길 경기대 교수는 "인간의 행동은 오랜 시간 쌓인 것에 따라 이뤄지는 만큼 어제 폭력적인 영화를 보거나 게임을 즐겼다고 해서 갑자기 폭력적인 사람이 된다고 보고, 이를 규제하는 것 자체가 말이 안 된다"고 비판했다.

게임과 인터넷 서핑이 청소년의 여가를 상당부분 차지하고 있는데도 학교에서의 관련 교육은 부실하다는 지적도 나왔다.

청소년폭력예방재단 유형우 소장은 "제도적인 규제보다는 아이들에게 올바른 게임 사용 방법을 가르쳐주는 게 더 중요하다"면서 "게임문화재단에서 1,000개 학교의 학생 10만 명에게 게임중독 예방교육을 하니 아이들이 스스로 좋은 게임을 가려내는 것을 볼 수 있었다"고 말했다.

군포당동청소년문화의집 김지수 관장은 "교과부의 학교 폭력 근절책 뿌리째 없애 버리기 위해 세운 방책은 현실을 전혀 모르고 만든 정책"이라면서 "폭력은 정의롭지 않고 인간의 존엄성을 훼손하는 일이라는 것을 아이들이 느낄 수 있게 교육해야 한다"고 강조했다.

동아일보 2012/11/17

1. 게임이 학교 폭력과 관련이 없다고 주장하는 전문가는 어떤 근거를 대고 있나요?

2. 게임과 인터넷 관련 학교 폭력을 막기 위해 학교와 교육부에서는 어떤 노력을 기울여야 할까요?

3. 과연 게임과 학교 폭력은 관련이 있을까요?

관련이 있다. **VS** 관련이 없다.

나도 스타가 될 수 있어!

인터넷을 통해 누구나 자신의 재능을 쉽게 자랑할 수 있게 되었어요. 자신이 자신 있는 재능을 어떤 방식으로 뽐내고 싶은가요? 그림으로 표현하고 가상 댓글도 함께 달아보아요.

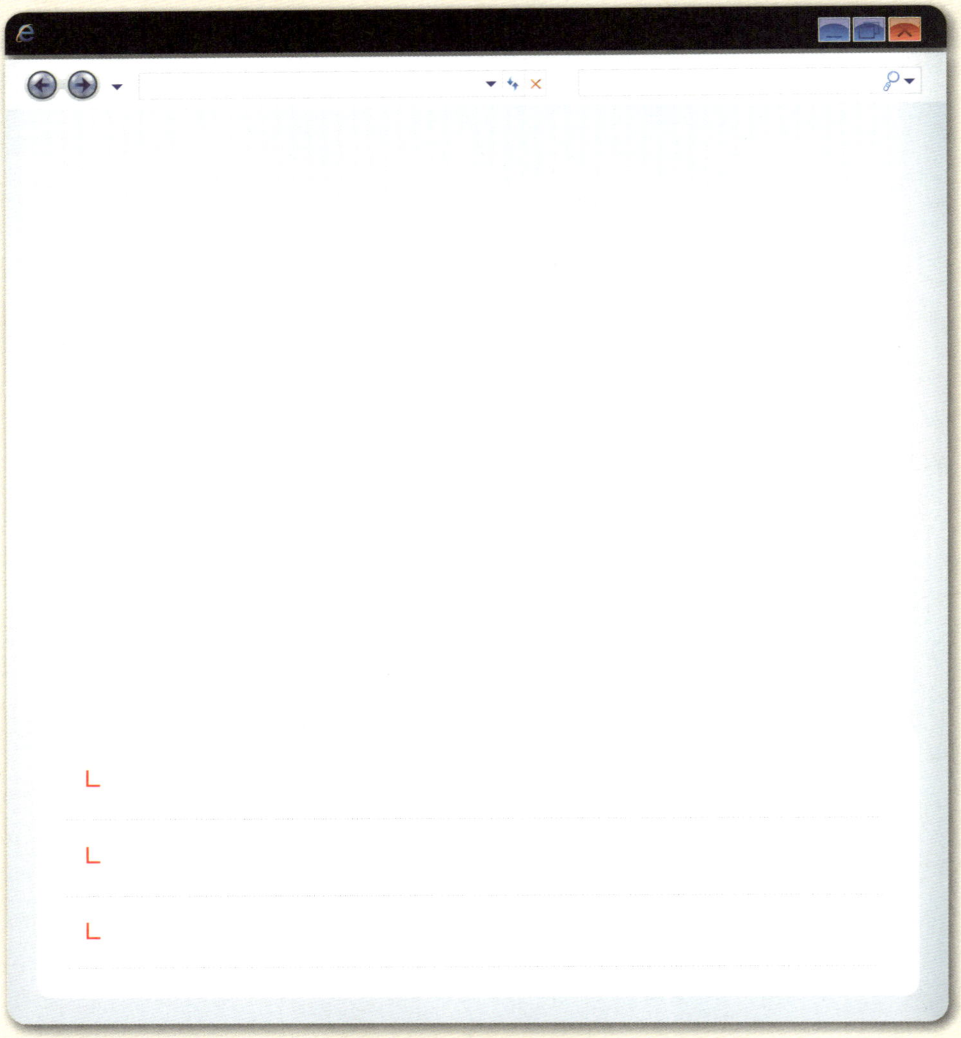

예시 답안

SNS가 뭐기에!

1. social network service(소셜 네트워크 서비스)의 줄임말로 특정한 관심이나 활동을 함께하는 사람들 사이에 관계망을 만들어 주는 온라인 서비스를 말해요.
2. 페이스북과 트위터는 전 세계적으로 널리 사용되는 SNS에요. 우리나라에는 미투데이, 카카오스토리 등이 있어요.
3. SNS에 올린 글은 엄청나게 빠른 속도로 퍼져 나가기 때문이에요. 덕분에 범인을 잡는 데 유용하게 사용되기도 하지만 잘못된 소문이 널리 퍼져 다른 사람이 마음의 상처를 입기도 해요.

사이버 왕따와 문자 폭력

1. 온라인 카페나 SNS가 널리 사용되면서 나타나는 새로운 따돌림 문화로 친구 신청이나 카페 가입을 거절당하는 형태로 나타난다.
2. 사이버 괴롭힘은 신체적인 고통을 주지는 않지만 피해자가 큰 두려움을 느낄 수 있다. 정부의 발표에 따르면 학교폭력 유형 가운데 사이버 괴롭힘의 발생 빈도는 6번째였지만 피해를 당한 아이들이 힘들었다고 꼽은 유형에서는 2위였다.
3. 적극적인 태도로 문제에 맞서되 온라인상에서 직접적인 대응보다는 부모와 가까운 친구와 의논해 문제를 해결한다. 심한 괴롭힘은 경찰에 신고한다.

게임=학교 폭력?

1. 인간의 행동은 오랜 시간 쌓인 것에 따라 이뤄지는 만큼 어제 폭력적인 영화를 보거나 게임을 즐겼다고 해서 갑자기 폭력적인 사람이 된다고 보기 힘들다.
2. 무조건 못하게 하기보다는 올바른 게임 사용 방법을 가르쳐주는 게 더 중요하다. 폭력은 정의롭지 않고 인간의 존엄성을 훼손하는 일이라는 것을 아이들이 느낄 수 있게 교육해야 한다.
3. **관련이 있다**: 게임을 할 때 뇌에서 나오는 '도파민'과 '아드레날린'이라는 물질은 감정을 조절하는 역할을 한다. 따라서 게임에 중독이 되면 감정 조절이 힘들어져 폭력을 휘두르는 원인이 될 수 있다.
   관련이 없다: 게임이 아닌 영화나 애니메이션에서도 충분히 영향을 받을 수 있다. 따라서 '게임=학교 폭력'이라고 볼 수 없다. 그리고 최근에는 두뇌를 발달시키는 좋은 게임도 많이 개발되고 있다.

글쓴이 이안

대학에서 국어국문학을 전공하고 2000년 MBC 연속극 기획안 공모에 당선하며 작가가 되었어요. 2001년에는 SBS TV 문학상을 수상한 후, 동화를 쓰기 시작했어요. 『견우와 직녀가 분수 때문에 싸웠대』, 『떡장수 할머니와 호랑이는 구구단을 몰라』, 『보글보글 마법의 과학책』, 『너굴할매의 특별한 요리수업』 등을 썼어요.

그린이 최해영

어린이 책에 그림을 그리면서 추억이란 타임머신을 타고 순수했던 어린 시절로 돌아갈 수 있어서 행복하답니다. 신 나고 재밌는 그림으로 어린이 독자와 만나는 일이 즐거워요. 그린 책으로는 『싫어! 지겨워! 짜증 나!』, 『오늘은 왜 쉬어요』, 『시간 도둑과 사라진 방학』 등이 있어요.

초등 융합 사회과학 토론왕 시리즈 ⓮ 좋아? 나빠? 인터넷과 스마트폰

- 이 책에 실린 일부 내용은 《과학동아》, 《어린이과학동아》에 게재된 기사를 재인용하였습니다.
- 이 책에 실린 사진은 다음과 같이 기관으로부터 게재 허가를 받았습니다. (가나다 순)
  다만 출처를 잘못 알고 실은 사진이 있는 경우 해당 저작권자와 적법한 계약을 맺을 것입니다.

  동아일보
  위키피디아
  이미지비트